EMPATHIE ALS FUNKTION
DIE SCHULBAUTEN EMIL JAUCHS

EMPATHIE ALS FUNKTION
DIE SCHULBAUTEN EMIL JAUCHS

CHRISTOPH RAMISCH

MIT EINEM VORWORT VON STANISLAUS VON MOOS
UND EINEM FOTOESSAY VON RASMUS NORLANDER

QUART

EMPATHIE ALS FUNKTION
DIE SCHULBAUTEN EMIL JAUCHS

NIEDLICH, PUTZIG, NIPPZEUGHAFT?	STANISLAUS VON MOOS	11
EINLEITUNG		12
DER ARCHITEKT EMIL JAUCH 1911–1962		17
EIGENE ARBEITEN		18
ZUR PERSON		23
STOCKHOLMER JAHRE		30
EN NORDISK BLICK	RASMUS NORLANDER	41
DIE SCHULBAUTEN		75
JAUCHS SCHULEN		76
TYPOLOGISCHE NEUERUNGEN		95
EINFÜHLSAME GESTALTUNG		104
EMPATHIE ALS FUNKTION		111
SCHWEIZER KONTEXT		112
EMPATHIE ALS FUNKTION		118
INTERNATIONALE WIRKUNG		123
ANHANG		129
LEBENSDATEN		130
EIN GESPRÄCH		132
BILDQUELLEN		140

«Der Anfang ist die Hälfte des Ganzen.»
 Meinen lieben Eltern

NIEDLICH, PUTZIG, NIPPZEUGHAFT?

1946 zeigte das Royal Institute of British Architects in London eine grosse, im Auftrag der Pro Helvetia organisierte Ausstellung zum Schweizer Architekturschaffen in den Kriegsjahren. Die Überraschung war gross. «Es mutet uns an, als hätten wir einem Schauspiel beigewohnt, bei dem plötzlich das Licht verlöschte, und nun würde uns heute der Rest des Stückes auf die Leinwand projiziert [...]. Hier erscheint abgeblendet die Fortsetzung europäischer Tradition seit 1939 auf dem Gebiete der Architektur», so John Summerson. Die Architekten der kleinen Alpenrepublik hätten vorgeführt, «wie es um uns stünde, wenn dieses alles nicht gewesen wäre», schrieb Rudolf Schwarz in der deutschen Ausgabe des Katalogs (1948). Die Schweiz habe «alles Begonnene fortgesetzt und bringt es nun wieder zurück, und wir sehen beglückt, wie es in den dunklen Jahren weiter gewachsen ist» (siehe S. 123 in diesem Buch).

So plötzlich das internationale Interesse an der Schweizer Architektur nach dem Krieg aufgeflammt war, so rasch erlosch es wieder. Was den Blick von aussen zu entzücken schien – der «Anstand» der Gesinnung, die «Sorgfalt» der Ausführung, die «Bescheidenheit» des Auftritts (Rudolf Schwarz) – lag den Architekturschaffenden im Land selbst, oder doch einer wachsenden Zahl von ihnen, zunehmend auf dem Magen. Wer von ihnen wollte schon lebenslänglich unter die Gartenzwerge von «Landizeit» und «Heimatstil» verwiesen werden! Manchen von ihnen ging es inzwischen gerade darum, den Beigeschmack von Abschottung, Enge und nationaler Selbstgerechtigkeit, der diesen Begriffen anhaftete, endlich abzuschütteln. Selten hat ein Text das Bauchgefühl einer Generation von Architekten (die männliche Form ist hier bewusst gewählt) so lebhaft auf den Punkt gebracht wie die berühmte «Glosse», die Max Frisch 1953 der Zürcher Ortsgruppe des BSA (Bund Schweizer Architekten) vortrug und die wenig später unter dem Titel «Cum grano salis» in der Zeitschrift *werk* erschien. Frisch war kurz zuvor von einem Aufenthalt in den USA zurückgekehrt. Der Heimkehrende, betont Frisch, staune darüber, wie «[s]chmuck, gediegen, gründlich, geschmackvoll, sicher, sauber, gepützelt, makellos, seriös, sehr seriös» alles gearbeitet sei. Die schweizerische Architektur habe «fast überall etwas Niedliches, etwas Putziges, etwas Nippzeughaftes, etwas von der Art, als möchte die ganze Schweiz (außer wenn sie Staumauern baut) ein Kindergarten sein.» Sieht man von der karikierenden Übertreibung ab, die zum Modus der Polemik nun einmal gehört, so lassen sich vermutlich auch manche der Bauten, die in diesem Buch gezeigt werden, als Beispiele anführen.

Was folgte, war vielleicht vorauszusehen. 1952, ein Jahr vor Frischs Rede, war in Marseille die Unité d'habitation eröffnet worden. Manche (es gilt auch für Frisch) erlebten den Bau als einen Befreiungsschlag. Mit den Anfängen der Globalisierung und mit dem wirtschaftlichen Boom begann sich der Schweizer Baubetrieb am Mainstream der Klassischen Moderne zu orientieren beziehungsweise an dem, was die Altmeister davon in die Nachkriegszeit herübergerettet hatten. Dieses Formenkapital wurde nun einem alles erfassenden Prozess der Vervielfältigung und der Diversifikation unterworfen mit dem Resultat, dass die Spur Le Corbusiers, Mies van der Rohes oder Aaltos innert kürzester Zeit von jeder Schweizer Strassenecke grüsste. Kein Wunder, dass das Land für einige Jahrzehnte von der Bühne der Weltarchitektur verschwand.

Wer heute, mehr als ein halbes Jahrhundert nach ihrer Fertigstellung, die wunderbaren Schulhausbauten eines Emil Jauch aufsucht, der findet darin nicht nur all die Qualitäten wieder, um derentwillen die Schweizer Architektur in der frühen Nachkriegszeit im Ausland so sehr bewundert wurde. Man erlebt sie auch als Reservate eines architektonischen Savoir-faire, zu dem wir aufgrund einer allgemeinen Verwilderung des Tuns und Lassens beim Bauen den Schlüssel weitgehend verloren haben. Nur schon für den Versuch, die richtigen Worte zu finden, um ein fremd gewordenes Wissen der Architektur wieder in die Gegenwart zurückzurufen, schulden wir Christoph Ramisch Dank. Die souverän zusammengestellte Dokumentation der Bauten spricht für sich.

STANISLAUS VON MOOS

EINLEITUNG

Anders als in den Ländern Frankreich, Deutschland und die Niederlande, in denen die klassische Moderne wurzelt, etablierte sich das Neue Bauen in der Schweiz zeitversetzt in einer Epoche, in der die Kämpfe gegen den Eklektizismus und die Blüten des Jugendstils ausgefochten und der Status quo bereits gebrochen war. Stellte der Zweite Weltkrieg in den Ursprungsländern der Moderne einen radikalen Bruch der aufkommenden Strömung dar, konnte sich die Idee des Neuen Bauens in den neutral verbliebenen Demokratien abseits der totalitären Systeme ungehindert fortentwickeln. Vor der schweizerischen Entwicklung rückte dabei die Architektur Schwedens in den Fokus der Wahrnehmung. Sie gab den Anstoss, den Funktionalismusbegriff der Moderne entscheidend zu erweitern. Die Dualität zwischen Tradition und Moderne sowie die soziale Ausrichtung des skandinavischen Wohnungsbaus liessen die Dogmen der Avantgarde hinter sich und führten zur Humanisierung eines bis dahin rein zweckorientierten Architekturverständnisses.

    In der Schweiz wurde diese Entwicklung mit Interesse wahrgenommen. Neben Reisen in die nordischen Länder versuchten junge Architektinnen und Architekten der wirtschaftlichen Krise in der Heimat zu entkommen, indem sie eine Anstellung in Skandinavien antraten. Einer dieser Architekten war der Luzerner Emil Jauch. Die zweite Hälfte der 1930er Jahre verbrachte er im Atelier des Stockholmers Sture Frölén, wo er die wesentliche Prägung für sein späteres Schaffen erfuhr. Seinem bislang kaum aufgearbeiteten Werk, welches sich neben Wohnbauten und Kirchenentwürfen vor allem durch wegweisende Schulhäuser der 1940er und beginnenden 1950er Jahre auszeichnet, ist der Einfluss Skandinaviens deutlich anzumerken.

    Im Jahr 2016 sicherte die Sanierung der 1948 fertiggestellten Schulanlage Felsberg in Luzern einer der signifikantesten Bauten Jauchs und gab den Anlass, dessen Erstling zum schützenswerten Bestand von nationaler Bedeutung zu erheben. Die Würdigung dieses Schulhauses als wertvollen Zeitzeugen schweizerischer Nachkriegsmoderne rückte auch das Wirken seines Erbauers in den Fokus der Betrachtung. Jauchs Bauten stellen ein klares Bekenntnis zum Neuen Bauen dar, vereinen dieses aber mit einer skandinavisch geprägten Auffassung funktionalistischer Architektur. Dem Schönen wie auch dem Menschlichen wies Jauch eine Rolle zu, die der des rein Zweckmässigen ebenbürtig war. Die einfühlsamen Momente in seinen Entwürfen treten als unverzichtbare Bestandteile der Funktionserfüllung auf und sind wesentlich für die Wirkungsweise seiner Bauten. Dieses Verständnis ebenso ästhetischer wie auch funktionaler Gestaltung verleiht Jauchs Werk eine greifbare Eigenständigkeit, welche seinen Beitrag für eine genauere Betrachtung wertvoll erscheinen lässt.

    Seine Schulbauten stecken dabei den Rahmen für eine tiefergehende Untersuchung ab. Sie bildeten das Hauptwirkungsfeld des Architekten. In ihnen brachte Jauch früh Neuerungen ein, welche sich erst in der Folge als Standard etablieren sollten. In ihrer klar funktionalen Ausrichtung, gepaart mit Jauchs Empathie dem kindlichen Nutzer gegenüber, legen sie ein eindrückliches Zeugnis von seinem Funktionalismusbegriff ab. Gemeinsam mit der Erstellung eines Werkverzeichnisses seiner Bauten reiht sich diese Publikation über Jauchs Schulbauten in die sukzessive Aufarbeitung schweizerischer Architektur der Zwischen- und Nachkriegsjahre ein. Jauch ergänzt dieses Spektrum um einen bisher wenig beachteten Protagonisten, der mehr als nur erhaltenswerte Bauten schuf. Sein Wirken zeigt die Verschiebung des Funktionalismus auf, welche das Neue Bauen von seiner anfänglichen Radikalität zu einer empathischen Ästhetik funktionalen Bauens führte – und so zum Vorbild für den Wiederaufbau des kriegszerstörten Europas wurde.

Der Architekt Emil Jauch 1911–1962

EIGENE ARBEITEN

Emil Jauch war ein Schweizer Architekt mit internationaler Erfahrung. Den Menschen in seiner Umgebung galt der fürsorgliche Ehemann und Vater dreier Kinder als ernsthafte, introvertierte Person. Er war ein Denker, der öffentliche Anlässe eher ertrug als ersehnte. Neben wiederholten Studienreisen zu den Tempelanlagen Süditaliens war es vor allem die künstlerische Betätigung, welche dem akribischen Arbeiter die notwendige Zerstreuung vom beruflichen Alltag ermöglichte. Seine sichere Hand bewies er nicht nur im Entwurf und in der sorgfältigen Ausführung seiner Bauten, sondern auch als talentierter Maler und Zeichner. Im Jahr 1950 erhielt er von der Eidgenössischen Kunstkommission das Bundesstipendium für Malerei, bevor er im Jahr darauf – neben Ernst Gisel (1922–2021) – mit dem Bundesstipendium für Architektur ausgezeichnet wurde. Bereits 1936 war er dem SIA (Schweizerischer Ingenieur- und Architektenverein) beigetreten. Als Mitbegründer der Sektion Waldstätte wurde er 1957 zu einem der Gründer der Innerschweizer Ortsgruppe des BSA (Bund Schweizer Architekten).

Obwohl durch seine Ausbildung dem Neuen Bauen klar verbunden, liess er stets äussere Einflüsse auf seine Arbeit zu und vertrat Standpunkte selten dogmatisch. Seine konsequent moderne Auffassung wurde im Laufe der beruflichen Entwicklung von einem Verständnis des Funktionalismus ergänzt, das stark durch seine Erfahrungen mit der Architektur Schwedens geprägt war.

In Zeiten wirtschaftlicher Schwierigkeiten und empfindlicher Restriktionen im Bauwesen betrieb Jauch seinen Beruf mit notwendiger Entschlossenheit und grosser Leidenschaft. Trotz der überschaubaren Jahre seiner selbstständigen Tätigkeit entstand eine beachtliche Vielfalt an Entwürfen und realisierten Bauten, welche seinem individuellen Entwurfsansatz Ausdruck verlieh. Im schweizerischen Kontext entwickelte das Werk Jauchs eine wiedererkennbare Eigenständigkeit. Selbst wenn er für die Umsetzung einiger Projekte Arbeitsgemeinschaften mit dem Zürcher Architekten Erwin Bürgi (1914–1977) sowie mit dem Luzerner Walter H. Schaad (1902–1990) einging, trugen diese gemeinschaftlichen Bauten doch jene Handschrift, die auch seine eigenständigen Projekte auszeichnete. Die wiederkehrende Zusammenarbeit mit Kollegen stellt einen gleichwertigen Bestandteil der kontinuierlichen Entwicklung im Schaffen dieses Architekten dar.

Bereits im Jahr 1948 erzielte Jauch mit seinem Wettbewerbsbeitrag für die Zuger Kantonalbank einen vierten Platz, bevor er 1951, unterstützt von Schaad, mit dem Siegerprojekt für den Neubau der Schweizerischen Bankgesellschaft in Zürich die renommierten Architekten der Bürogemeinschaft Haefeli Moser Steiger, zu deren ausdrücklichen Missfallen, auf den zweiten Rang verwies.[1] Obwohl Jauch dieser «äusserst komplizierten Aufgabe» mit «sehr viel Feingefühl» Herr geworden war, gelangte das Projekt nicht zur Umsetzung.[2] Umso mehr erschien eine Einladung, im Jahr 1954 Pläne für ein weiteres Gebäude am Luzerner Schwanenplatz vorzulegen, als Kompromissangebot der Schweizerischen Bankgesellschaft gegenüber dem Erstprämierten des Zürcher Wettbewerbs. Neben Banken und Geschäftshäusern interessierte den Katholiken Jauch der moderne Kirchenbau. Unter seinen Beiträgen für Kirchengebäude, die mit dem Wettbewerb für die Kirche in Meggen 1940 ihren Anfang nahmen, zeigte besonders sein Entwurf für die Kirche St. Anton im Luzerner Quartier Tribschen aus dem Jahr 1950 eine klar nordisch-funktionale Prägung. Obwohl die Jury um Hermann Baur (1894–1980) von der liturgischen Organisation und Lichtführung des Beitrags angetan schien, ihm gar eine «neuartige Raum- und Bauform von echter Originalität» attestierte, war ihr der Innenraum der Kirche doch «etwas fremd», sodass Jauch lediglich den dritten Rang belegte.[3] Während seine Anläufe für Banken und Kirchgebäude nicht zur Ausführung gelangten, konnte er jedoch innovative Akzente im Luzerner Wohnungsbau der Nachkriegsjahre setzen. Gemäss eines von ihm gemeinsam mit Schaad erarbeiteten Bebauungsplans für das Stadterweiterungsgebiet Würzenbach realisierte Jauch zwischen 1955 und 1958 mit neun baugleichen Mehrfamilienhäusern, einem von zwei vorgesehenen «Sternhäusern» sowie einem Wohn- und Geschäftshaus den Grossteil der Wohnbauten dieses Quartiers selbst. Besonders die Mehrfamilienhäuser überzeugten durch ihre funktionalen, aber auch individuell bewohnbaren Grundrisse und fanden neben der grossen Beliebtheit in der Luzerner Bevölkerung ihren Weg in die mondäne Modezeitschrift *Elle*.[4]

Selbst wenn sich Jauch in seinem Schaffen stets einem weiten Spektrum an Aufgaben öffnete, lässt sich im Schulhausbau eine klare Verdichtung seiner Bemühungen ausmachen. Mit dem erfolgreichen Wettbewerbsbeitrag «Kind im Park» für die Luzerner Primarschule Felsberg im Jahr 1944 nahm Jauch den Bau eines Schulhauses zum Anlass, sich in seinem Geburtsort als selbstständiger Architekt niederzulassen. In einer Arbeitsgemeinschaft mit dem zweitplatzierten Bürgi setzte er die Schulanlage bis 1948 um. Zwei Jahre später konnte er in gleicher Konstellation mit dem Schulhaus Langendorf bei Solothurn einen weiteren Schulbau fertigstellen, der dem Erstling in der architektonischen Ausgestaltung nahestand. Nach zahlreichen Wettbewerbsplatzierungen Jauchs, etwa dem ersten Platz für das nicht realisierte Schulhaus in Sursee 1950 oder dem 1952 erlangten fünften Rang für die Schulanlage Hummelrüti in Luzern, wurden im Jahr 1954 gleich zwei weitere Wettbewerbsprämierungen fertiggestellt. Zeitgleich zum Schulhaus Matte Süd in Flüelen, Kanton Uri, konnte das Schulhaus Matt im Nidwaldner Hergiswil vollendet werden. Begleitet wurden diese Projekte von zunehmenden Jurytätigkeiten in Schulhauswettbewerben sowie aktiven Wortmeldungen des Architekten zum typologischen Diskurs. So wandte sich Jauch 1951 per Brief an die *Schweizerische Bauzeitung*, um gegen den Juryentscheid für die Gewerbeschule Schaffhausen zu protestieren.[5] Im selben Jahr verfasste er, motiviert durch seine Auszeichnung mit dem Bundesstipendium für Architektur, den Beitrag «Der Schulhausbau auf dem Lande» für die Publikation *Kulturpolitik in der Schweiz. Förderung der Kultur durch Kantone und Gemeinden* der Stiftung Pro Helvetia. Darin arbeitete er die Besonderheiten der Bauaufgabe in den ländlichen Regionen heraus, nutzte aber die Gelegenheit ebenso, um sein grundlegendes Verständnis architektonischer Gestaltung zum Ausdruck zu bringen.[6] Insbesondere die Auseinandersetzung mit seinen Schulhausprojekten, welche die klar funktionale Ausrichtung der geforderten Nutzung mit einer einfühlsamen Ausgestaltung und künstlerischen Detaillierung verbanden, veranschaulicht bis heute die Eigenständigkeit Jauchs im Kontext der schweizerischen Nachkriegsarchitektur. Die Wurzeln dieser Eigenständigkeit liegen in der bewegten Lebensgeschichte, aber auch in der beruflichen Ausbildung und frühen architektonischen Prägung dieses Luzerner Architekten begründet.

01 Emil Jauch am Arbeitstisch in seinem Atelier am Luzerner Mühlenplatz, 1954

02 Entspannung von der konzentrierten Arbeit fand Jauch bei künstlerischen Tätigkeiten. Hauskatze «Pucci», Handskizze, 1935

③ Vor dem Wettbewerbsgewinn für die Schweizerische Bankgesellschaft errang Jauch 1948 den 4. Preis im Wettbewerb für den Neubau der Zuger Kantonalbank.

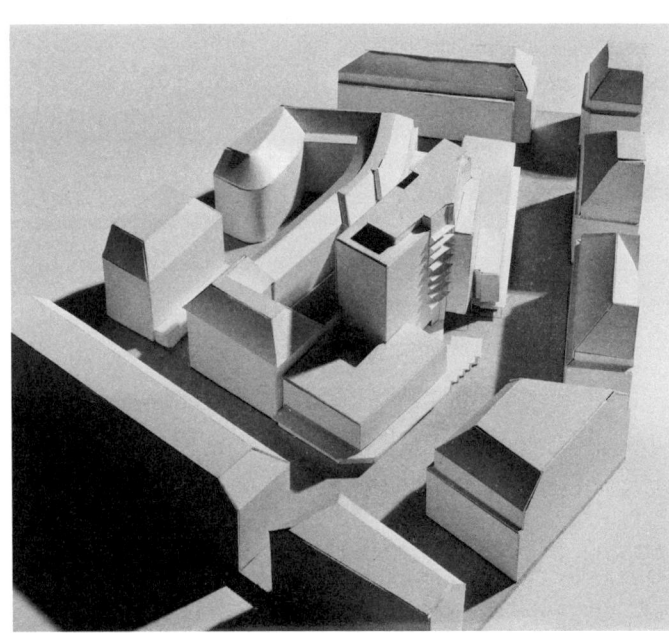

④ Mit ihrem Wettbewerbsbeitrag für den Zürcher Hauptsitz der Schweizerischen Bankgesellschaft (⑤) verwiesen Emil Jauch und Walter H. Schaad den Entwurf der renommierten Architektengemeinschaft Haefeli Moser Steiger (④) auf den 2. Platz....

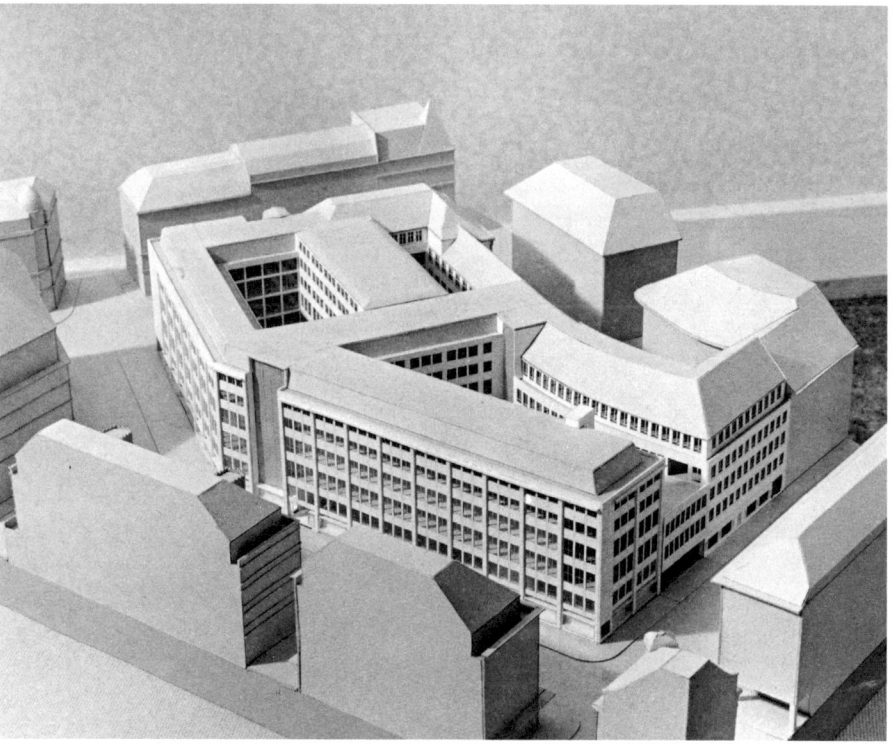

⑤ ...Werner M. Moser unterstellte daraufhin dem siegreichen Entwurf der beiden Luzerner Architekten eine «Vorspiegelung der Sicherheit mit verblödeter Massivarchitektur».

(06) Unter allen Wettbewerbsbeiträgen für die katholische Kirche St. Anton in Tribschen (Luzern) stach Jauchs Entwurf mit dem Kennwort «Und er hat unter uns gezeltet» durch eine spürbar nordische Prägung hervor.

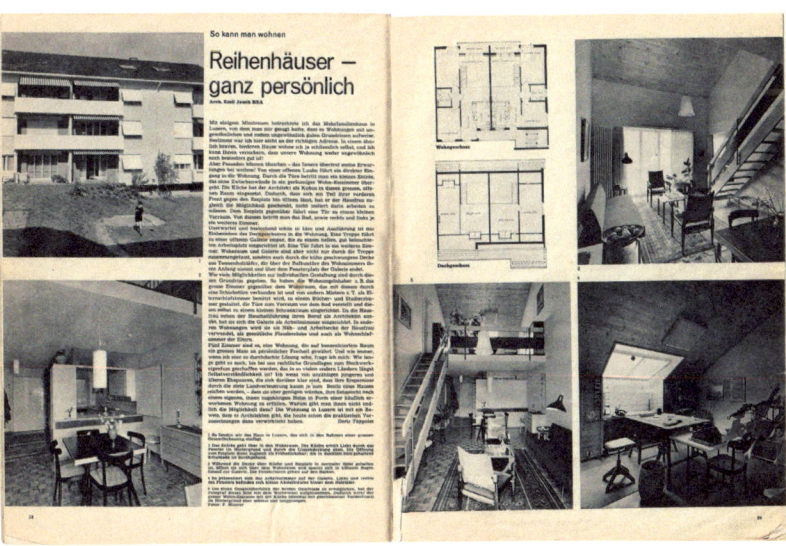

(07) Von der Beliebtheit der Maisonettewohnungen Jauchs in Würzenbach zeugt ein Beitrag in der mondänen Modezeitschrift *Elle*. In ihrem Bericht zeigt sich die Autorin angetan von der individuellen Bewohnbarkeit hinter brav anmutenden Fassaden.

09 Jauchs Text «Der Schulhausbau auf dem Lande» ist eine der wenigen schriftlichen Äusserungen des Architekten über sein eigenes Wirken.

08 Mit ihrem Beitrag zum Schulhauswettbewerb Hummelrüti erreichten Jauch und Schaad den 5. Platz. Die in das Gelände gestaffelten Baukörper ihres Entwurfs fassen einen prägnanten Festplatz als Erweiterung der zentralen Aula ein.

ZUR PERSON

Am 5. September 1911 in Luzern geboren, wurde Emil Josef Karl Jauch bereits vor seiner Maturität zum Vollwaisen. Nach dem frühen Tod der Mutter Emma, geborene Conti, im Jahr 1918, starb sein Vater Josef Maria Jauch, Dienstchef des Luzerner Telegrafenamts, im Jahr 1930. Nach dem frühen Verlust beider Elternteile konnte er sein geplantes Architekturstudium nur durch ein Stipendium und die finanzielle Unterstützung seiner älteren Schwester absolvieren. Seine Ausbildung an der Eidgenössischen Technischen Hochschule Zürich wurde zwischen 1930 und 1934 von den Professoren Friedrich Hess (1887–1962), William Dunkel (1893–1980) und Otto R. Salvisberg (1882–1940) geprägt. Besonders Salvisberg, dessen Architekturverständnis von den Wortführern der klassischen Moderne skeptisch betrachtet wurde, beeinflusste Jauch spürbar.[7] Salvisbergs Bindung des Neuen Bauens an Gesetzmässigkeiten, welche sich eher auf den Klassizismus und ein ausgeprägtes Handwerk bezogen, wurde ihm als Unentschlossenheit vorgehalten. Nicht das Unentschlossene, sondern der darin enthaltene Ansatz des Ausgleichs und der Zweifel daran, «dass sich durch neue [...] Bauweisen von selbst ein neuer Formausdruck ergeben würde», bestimmten seine Lehre.[8] Beim Neuen Bauen vermisste Salvisberg «das taktvolle Einordnen der Bauten in ihre Umgebung, [...] das Feingefühl für Struktur und Farbe, [...] Sauberkeit und Pflege des Details und werkgerechter Technik».[9] Für ihn gab es keine Gestaltung ohne einen «veredelnden Sinn, der über den Daseinskampf hinausgeht».[10] Der Mensch sei «von einem Bedürfnis erfüllt, das durch seine seelisch bewegten Gefühle nach einem Ausdruck drängt».[11] Dieser Gestaltungsansatz, der über die reine Erfüllung der Notwendigkeiten hinausging, kann als erste Regung eines erweiterten Funktionalismus in der Schweiz verstanden werden. Jauch eröffnete er eine Art des gestalterischen Denkens, die ihn später für die Einflüsse der skandinavischen Architektur empfänglich machen sollte.

Nach seinem Studienabschluss 1934 arbeitete Jauch für einige Monate im Büro des jungen Architekten Roland Rohn (1905–1971). Dieser ehemalige Mitarbeiter und Vertraute Salvisbergs, der nach dem Tod des Professors dessen Büro übernehmen sollte, etablierte sich in den beginnenden 1930er Jahren durch den Bau mehrerer Schulanlagen in Zürich. Die Mitarbeit bei Rohn stellte für Jauch die erste intensive Konfrontation mit dieser Typologie dar. Während er selbst an Rohns Wettbewerbsbeitrag für die Kantonsschule in Solothurn arbeitete, wurde dessen Schulhaus Buhnrain in Zürich-Seebach frisch bezogen. Mit der Schulanlage Manegg stand ein weiterer Schulbau Rohns kurz vor der Fertigstellung. Im Kontext der Ausstellung *Das Kind und sein Schulhaus,* welche das Zürcher Kunstgewerbemuseum 1932 präsentiert hatte und die einen intensiven Diskurs über den Typus der Pavillonschule sowie die Erscheinungsform neuer Schulhäuser auslöste, stellten Rohns Bauten einen vermittelnden Ansatz dar: Als klar städtische Bauten mit strenger Gliederung konzipiert, wiesen sie dennoch den Weg zu offeneren Anlagen, die sich harmonisch in die vorgefundenen Geländesituationen einbetten – eine Neuausrichtung, welche auch Jauchs Sichtweise auf die Gestaltung dieser Typologie beeinflusste.

Wegen der möglichen Überbauung eines Grundstücks am Monte Brè im Kanton Tessin arbeitete Jauch nach dem Engagement bei Rohn für einige Zeit in Lugano. Neben der Entwicklung dieses ersten eigenen Projekts für ein Landhaus beschäftigten den jungen Architekten Wettbewerbsbeiträge für die Kantonsbibliothek Luzern wie auch eine Casa dei Bambini gemeinsam mit dem Luganer Architekten Giuseppe Ferrini.[12] Während die Wettbewerbsprojekte Jauchs in Kubatur und Fassadengestaltung den Bauten Rohns und Salvisbergs ähnelten, schienen sich sowohl der eigene Entwurf am Monte Brè als auch ein weiteres Kleinprojekt für ein Atelierwohnhaus eng an der frühen Moderne zu orientieren. Die klare Geometrie der flach gedeckten Kubaturen beider Wohnhäuser verweist eher auf die Bauten der 1920er Jahre als auf die Bauten seiner Lehrer. In ihrer städtebaulichen Positionierung und strengen Ausformulierung sprachen diese ersten eigenen Projekte Jauchs noch deutlich die Sprache eines klar zweckorientierten Funktionalismus. Die Detaillierung der Wohnhäuser hingegen deutete mit ausgestellten Erkerfenstern und traditionellen Natursteinsockeln bereits jene bauliche Sensibilisierung an, welche erst während der kommenden Jahre in Skandinavien ihre volle Blüte erreichen sollte.

⑩ Eine erste Berührung mit dem Bautypus Schulhaus erfuhr Jauch während seiner Mitarbeit im Büro Roland Rohns. Dessen Schulhaus Buhnrain in Zürich-Seebach stellt einen vermittelnden Ansatz zwischen der strengen Gliederung städtischer Bauten und einer zur Umgebung offenen Anlage dar.

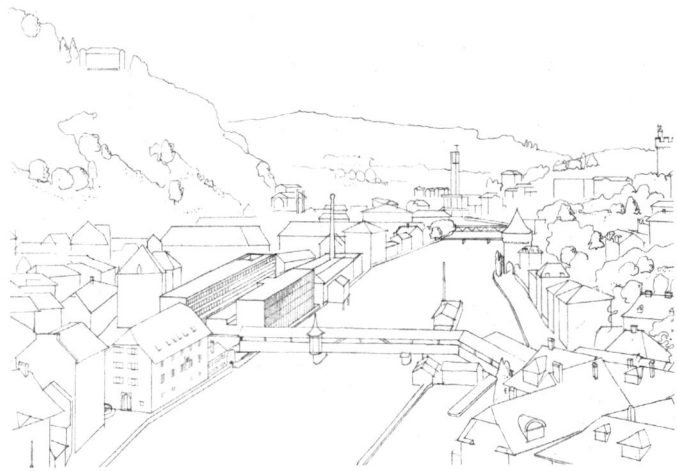

⑪ Emil Jauch, Zeichnung und Modell für die Kantonsbibliothek am Luzerner Kasernenplatz, 1935

⑫ Hatte Jauch 1935 an der Casa dei Bambini für den Luganer Architekten Guiseppe Ferrini gearbeitet,...

⑬ ...so entstanden im Jahr darauf Zeichnungen für sein erstes eigenes Projekt, ein Landhaus am Hang des Monte Brè.

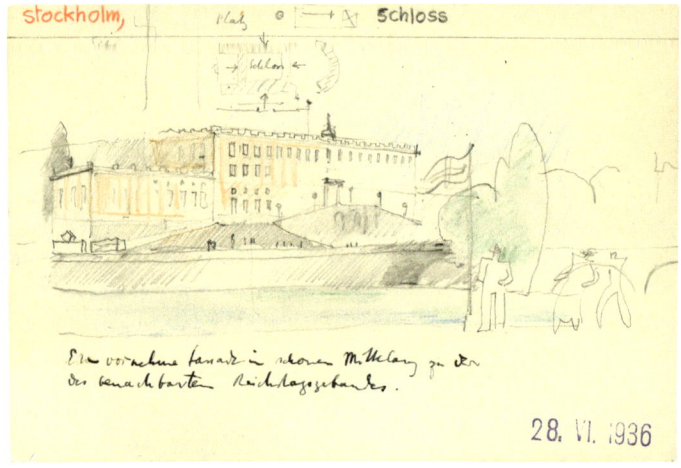

(14) Stockholmer Stadtschloss, Handskizze Jauchs, 1936

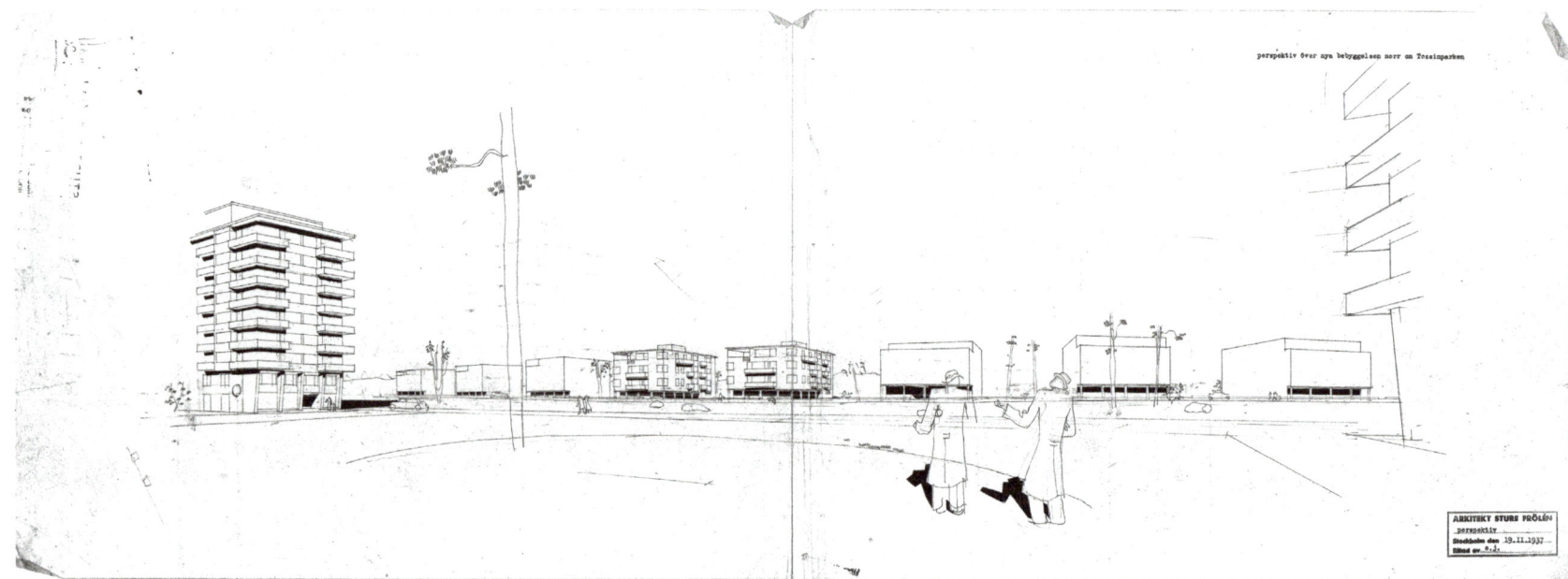

(15) Im Stockholmer Atelier von Sture Frölén war Jauch an dem umfassenden Stadterweiterungsprojekt um den Tessinparken beteiligt. Eine perspektivische Darstellung aus dem Jahr 1937 trägt seine Initialen und illustriert deutlich die Punkthäuser entlang der Askrikegatan im Norden der Grünanlage.

(16) Zum Zeitpunkt ihrer Fertigstellung 1939 galt die Basler Primarschule Bruderholz von Hermann Baur als schweizweit erste Pavillonschule. In jenem Jahr war Jauch in dessen Büro tätig.

Da keins der Tessiner Projekte zur Ausführung gelangte und die Situation des schweizerischen Arbeitsmarkts kaum Alternativen bot, zog es Jauch 1936 nach Schweden. Dort trat er eine Anstellung im Atelier des Stockholmer Architekten Sture Frölén (1907–1999) an. Zu diesem Schritt entschloss er sich, da – und so schrieb er es in einem Brief in die Heimat – «es hier oben immer noch möglich ist für einen Ausländer, insbesondere für einen tüchtigen Schweizer, eine anständig bezahlte Arbeit zu bekommen. Bezahlung 3–4 skronen [sic] in der Stunde, Überstunden 20–30% mehr».[13] Auch wenn seine Motivation wirtschaftlich begründet schien, brachte ihn sein Mitwirken an einigen der exemplarischsten Wohnbauten Fröléns in unmittelbaren Kontakt mit dem beträchtlichen Einfluss, den die skandinavische Architektur in diesen Jahren auf das Verständnis des Funktionalismus in der modernen Bewegung ausübte. Abseits aller Monumentalität stand der menschliche Massstab, welcher den Bauten Fröléns zugrunde lag, sinnbildlich für die Vermenschlichung, die das Neue Bauen durch die skandinavischen Entwicklungen vor dem Zweiten Weltkrieg erfuhr. Die Fülle der realisierten Wohnbauten Fröléns brachte Jauch nicht nur die ersehnte praktische Bauerfahrung, sondern festigte auch seine architektonische Handschrift im Sinne eines Funktionalismus, der den Menschen ins Zentrum der Gestaltung rückte und den er später durch das eigene Werk in seine schweizerische Heimat einbringen sollte.

Als sich im Jahr 1939 die Anzeichen einer kriegerischen Auseinandersetzung verdichteten, unternahm Jauch den ersten Anlauf einer Heimkehr in die Schweiz. Für wenige Monate schloss er sich dem Büro des Basler Architekten Herrmann Baur an und wirkte durch seine Arbeit am Wettbewerb für den Neubau einer Gewerbeschule in Basel wiederum an einem Schulbauprojekt mit. Mehr noch als die direkte Bearbeitung der Typologie im Wettbewerb muss ihm aus jener Zeit die Fertigstellung von Baurs Primarschule Bruderholz in Basel geblieben sein. Nach dem Diskurs infolge der Ausstellung im Zürcher Kunstgewerbemuseum 1932 stellte dieser Bau die schweizweit erste Realisierung einer eingeschossigen Pavillonschule dar. In seiner Berichterstattung über das Bruderholz sah sich Alfred Roth (1903–1998) 1943 gar bewogen, an die grundlegenden pädagogischen Ideen Johann Heinrich Pestalozzis (1746–1827) zu erinnern. Deren «unverminderte Geltung, die den Architekten, Pädagogen und Behörden nicht oft genug in Erinnerung gerufen werden kann, befaßt sich nicht mit dem Materiellen, sondern mit dem wahrhaft Menschlichen, Geistigen und Edlen, die es im Kinde zu erwecken und zu pflegen gilt».[14] Die architektonische Ausformulierung der Pavillonschule Baurs verband die bauliche Gestalt eines hohen sozialen und hygienischen Anspruchs mit einem Ausdruck, der – anders als die klassizistisch begründeten Bauten Salvisbergs und Rohns – Jauchs Erfahrungen in Stockholm entsprach und so dessen Bild eines funktional wie auch ästhetisch gestalteten Schulhauses nachhaltig prägte. Obwohl sich Jauchs Einsatz für die Gewerbeschule als erfolgreich erwies und der Wettbewerb für das Büro Baurs entschieden wurde, konnte das Projekt erst Ende der 1950er Jahre umgesetzt werden. Diese Verzögerung im Planungsprozess führte dazu, dass Jauch seine Anstellung in Basel aufgab und sich mit wenigen publizistischen Tätigkeiten über Wasser hielt. In einem Artikel für die *Schweizerische Bauzeitung* veröffentlichte er seine Erfahrungen mit dem schwedischen Kleinhausbau. Für den damaligen *werk*-Redaktor Peter Meyer (1894–1984) übersetzte er zudem Texte vom Schwedischen ins Deutsche.[15]

Die angespannte wirtschaftliche Situation nach Kriegsbeginn zwang Jauch 1940 erneut dazu, sich im Ausland eine Anstellung zu suchen. Während seiner Arbeit für das Büro des Architekten Hans Karl Zisser (1900–1989) fand er in Graz und Klagenfurt die Möglichkeit, bei der Planung umfangreicher Wohnbauten für Rücksiedler die von ihm erhoffte Erfahrung in der Bauleitung zu gewinnen.[16] In einer schriftlichen Auseinandersetzung mit seinem engen Freund und Berufskollegen Moritz Raeber (1911–2015) verteidigte Jauch seine Entscheidung, in das dem Deutschen Reich «angeschlossene» Österreich zu gehen, mit der ihn in der Schweiz «fressende[n] Unzufriedenheit, die einem die Knochen verrostet und zu jedem vernünftigen Tun je länger desto unfähiger Macht [sic]» und die nach seinem Entschluss, so Jauch weiter, «einer erspriesslicheren Sinneslage Platz gemacht [hat]. Und dafür gebe ich [Jauch] weiss Gott gern etwas. Sogar schweizer [sic] Freiheitsrechte».[17]

Der Wille zu arbeiten und die Schwierigkeiten, welche ihm den Aufenthalt in der Schweiz verleideten, trieben Jauch in den Kriegsjahren noch weiter von der Heimat fort. Nachdem eine geplante Auswanderung nach Afghanistan gescheitert war, gelang es ihm, sich durch eine zeitweilige Selbstständigkeit im oberschlesischen Königshütte (heute Chorzów) mit Aufträgen zu versorgen. Laut einem Brief aus dem Jahr 1942 war er dort mit Planungen zum «Aufbau für die hiesige Zivilverwaltung, 2 Volksbüchereien, Umbau eines Schlosses im Beskidengebiet zu Landschulheimen, Wohnungsbauten [...] u.a.» beschäftigt.[18] Dennoch, so konstatierte er, «wird mich [dies] trotzdem nicht hindern, nach der Schweiz zu kommen sobald sich etwas für mich geeignetes zeigt».[19] Die Wendungen des Kriegsverlaufs und die erste Schwangerschaft seiner Ehefrau Ilse Jauch (1922–1984, geborene Imhof) festigten die Entscheidung des Architekten, in die Heimat zurückzukehren. «Meiner Frau aber möchte ich das Leben nicht unnötig schwer machen, und wenn ich mir als Junggeselle noch zumuten würde, den Rest des Krieges durchzustehen, so denke ich jetzt doch etwas verschieden.»[20] 1943 kehrte Jauch in die Schweiz zurück und fand eine Anstellung im Berner Stadtbauamt. Noch während dieser Tätigkeit, in der er kriegsrelevante Materialien inventarisierte, gewann er 1944 unter dem Juryvorsitz Baurs den Wettbewerb für die Primarschule Felsberg in Luzern. Mit diesem Erfolg begann seine Tätigkeit als selbstständiger Architekt in der Heimatstadt.

Während einer Italienreise im Oktober 1958 erlitt Jauch infolge eines Autounfalls in Cecina nahe Livorno einen Hirnschaden mit Gedächtnisverlust. Nachdem er neben zeitweiligen Aufenthalten bei seiner Familie in diversen Spitälern behandelt worden war, verstarb er an den Folgen dieses Unfalls 50-jährig am 5. Februar 1962 im Klosterspital St. Urban, Luzern. Sein architektonisches Erbe führt eine Schweizer Architektur der Nachkriegsjahre vor Augen, die durch skandinavische Einflüsse bereichert und trotz ihrer klar funktionalen Ausrichtung über eine reine Zweckerfüllung hinaus gestaltet wurde. Ohne die Kenntnis skandinavischer Architektur und der Entwicklung des schwedischen Funktionalismus nach 1930 kann das Werk Jauchs daher nur unzureichend gedeutet werden.

(17) Seinen Erfolg im Wettbewerb für die Schulanlage Felsberg in Luzern nahm Jauch 1944 zum Anlass, sich als Architekt in seiner Heimatstadt niederzulassen. Gemeinsam mit dem zweitplatzierten Erwin Bürgi stellte er seinen Erstling im Jahr 1948 fertig.

STOCKHOLMER JAHRE

Bereits ab den 1930er Jahren, in denen totalitäre Kräfte in den zentraleuropäischen Ländern nach der Macht griffen, verlagerten sich die Strömungen künstlerischer Avantgarde in die «schöpferische Peripherie» der neutralen Demokratien.²¹ Die skandinavische Architektur, speziell der Wohnungsbau Schwedens, galt als Indikator für das Neue Bauen. Den Fixpunkt der schwedischen Moderne stellte die Stockholmer Werkbundausstellung im Jahr 1930 dar. Das Organisationskomitee unter der Leitung von Erik Gunnar Asplund (1885–1940) nutzte die Möglichkeit, die schwedischen Leistungen in den Bereichen Kunst, Architektur und Handwerk einem internationalen Publikum zu präsentieren. Die Strahlkraft dieser Ausstellung bewog zahlreiche Schweizer Architektinnen und Architekten zu ausgedehnten Skandinavienreisen. Unter ihnen waren Sigfried Giedion (1888–1968), Hans Bernoulli (1876–1959) und der spätere Stadtbaumeister Zürichs Albert Heinrich Steiner (1905–1996). Die jüngere Generation, die von der wirtschaftlichen Situation im Heimatland besonders betroffen war, suchte gar die berufliche Tätigkeit vor Ort. Nach Alfred Roth, der bereits 1928 nach Schweden gegangen war, um mit Ingrid Wallberg (1890–1965) ein eigenes Büro in Göteborg zu gründen, arbeiteten Ernst Zietzschmann (1907–1991) und Lisbeth Sachs (1914–2002) im Büro des Asplund-Schülers Sven Ivar Lind (1902–1980). Léonie Geisendorf (1914–2016) war 1938 ebenfalls bei Lind beschäftigt, bevor sie mit ihrem Mann Charles-Edouard Geisendorf (1913–1985) im Jahr 1950 ein eigenes Architekturbüro in Stockholm eröffnete. Die rege Bautätigkeit in Schweden übte spürbaren Einfluss auf einen Kreis Schweizer Architekten und Architektinnen aus, dem auch Jauch in seiner Zeit bei Frölén angehörte.

Nach der Eröffnung seines eigenen Büros im Jahr 1934 hatte Frölén schnell an Bedeutung für die Entwicklung des Neuen Bauens in Schweden gewonnen. Noch vor Beginn des Zweiten Weltkriegs baute er zahlreiche Wohnhäuser in Stockholm, die von den funktionalistischen Tendenzen in der schwedischen Entwicklung geprägt waren. Massgeblich beteiligt war er an der Überbauung des Stockholmer Stadterweiterungsgebiets Gärdet, für das er innerhalb weniger Jahre eine beeindruckende Zahl moderner Wohnbauten schuf. In seinem späteren Werk realisierte Frölén vor allem öffentliche Bauten. Neben dem Entwurf für Schulgebäude zeichnete er für Bibliotheken, Kirchen, die Königlichen Tennishallen in Stockholm sowie das erste Atomkraftwerk Schwedens in Ågesta verantwortlich. Als Absolvent der Königlichen Technischen Hochschule sowie der Königlichen Kunsthochschule, beide in Stockholm, nahm er 1948 für sein Heimatland an den Olympischen Sommerspielen in London teil und erreichte im Kunstwettbewerb der Kategorie «Mixed Architecture» den 19. Platz.²² Besonders Froléns Wohnhäuser der Vorkriegsjahre wiesen ihn als überzeugten Vertreter der Moderne aus. Durch ihren menschlichen Massstab, ihre Detaillierung und haptische Materialisierung prägen seine Bauten die schwedische Moderne mit und stehen für jene bedeutende Erweiterung, die der Funktionalismus in diesen Jahren erfuhr.

(18) Zwischen dem 16. Mai und dem 29. September 1930 sahen vier Millionen Besucher und Besucherinnen die Stockholmer Werkbundausstellung. Sie markierte den Durchbruch des Funktionalismus in Schweden.

(19) Auf der Grundlage des Bebauungsplans von Arvid Stille (1888–1970) entstand in den 1930er Jahren ein umfassendes Wohnquartier im Stockholmer Stadterweiterungsgebiet Gärdet. Zahlreiche der funktionalistischen Wohnbauten konnten nach Entwürfen von Sture Frölén errichtet werden. (→ ⑮)

⑳ Private Aufnahmen von Jauch zeigen die Fertigstellung der Punkthäuser entlang der Stockholmer Askrikegatan im Jahr 1937.

㉑ Hell verputzt, mit einem Flachdach und mit hinter Stützen rückversetzten Erdgeschossen erscheinen die Bauten an der Askrikegatan als Musterbeispiele des Neuen Bauens...

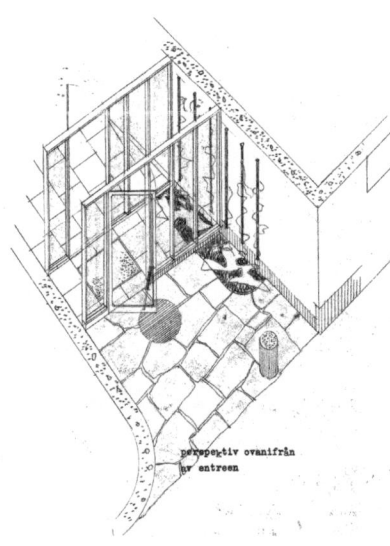

㉒ ...doch bewahren sie einen traditionell skandinavischen Bezug zur umgebenden Landschaft...

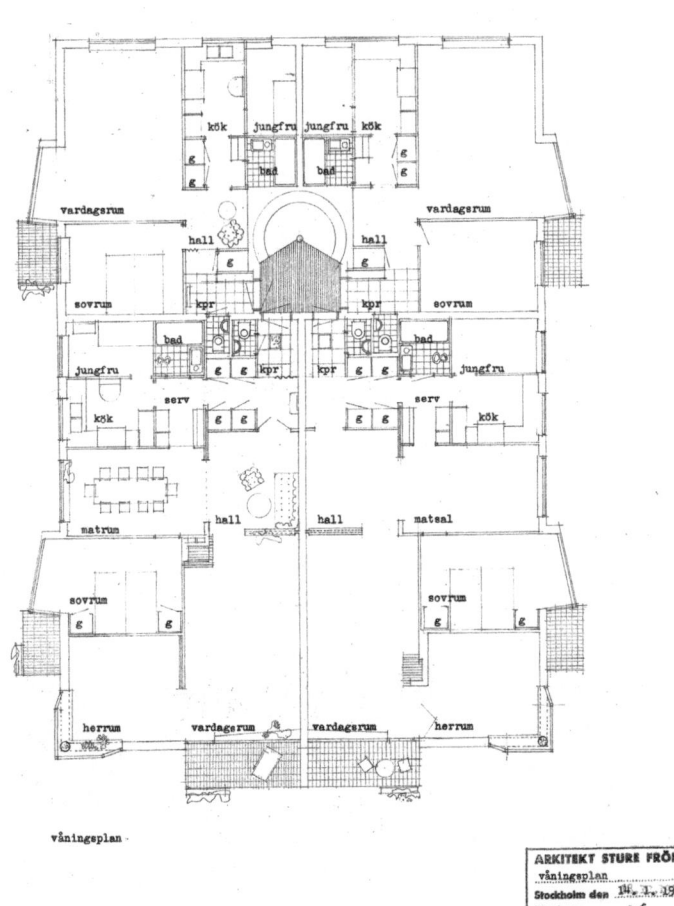

㉓ ...und verbinden ihre klar rationale Organisation mit bewussten Akzenten durch expressive Eckfenster und Balkone.

Als Jauch im Jahr 1936 seine Stellung im Stockholmer Atelier antrat, wirkte er nachweislich an den Planungen für diese exemplarischsten Wohnbauten Fröléns mit und stieg zügig in eine verantwortliche Position auf.[23] Neben den Hochhäusern und Zeilenbauten im Gärdet gelten die Punkthäuser entlang der dortigen Askrikegatan als die signifikantesten Gebäude Fröléns. Eindrücklich belegen sie, welche Rolle sein Werk in der Architektur Stockholms, aber auch für die Humanisierung des Funktionalismus in den 1930er Jahren spielte. Die technischen Innovationen, welche die Moderne mit sich brachte, wurden in Fröléns Wohnbauten in einen menschlichen Massstab übersetzt und zu einem architektonischen Ausdruck geführt, der beispielhaft für Wohnbauten skandinavischer Prägung werden sollte. Die konsequente Verwendung des Flachdachs und die kaum gegliederten, hell verputzten Fassaden der Häuser sprechen die klare Sprache des Neuen Bauens. Doch während die Bauten der frühen Moderne ihre Ortsunabhängigkeit durch auf Pilotis aufgeständerte Volumen zum Ausdruck brachten, deutete Frölén diese nur noch mit einer dezenten Geste der hinter Stützen eingerückten Sockelgeschosse an. Statt durch den Anschein der Ortsunabhängigkeit zeichnen sich seine Wohnbauten entlang der Askrikegatan durch eine konkrete Setzung und den gewollten Bezug zur Umgebung aus. Das Verhältnis des Volumens zum Freiraum sowie die verglasten Eingangssituationen der Bauten liessen das Grün der Umgebung bis ins Innere der Wohnhäuser wirken – ein enger Landschaftsbezug, welcher das skandinavische Bauen traditionell prägt. Trotz der modernen Konstruktion wurden die haptischen Oberflächen in den lokal vorherrschenden Materialien Holz und Naturstein ausgeführt und in bewährter Handwerkstechnik verarbeitet. Die Verwendung natürlicher Materialien war der schwierigen wirtschaftlichen Lage in den 1930er Jahren geschuldet, unterstrich aber dennoch den ungebrochenen Traditionsbezug des schwedischen Bauens. Neben einer durchdachten Materialisierung weisen Fröléns Bauten einen umfassenden Gestaltungsanspruch auf, der eine rationalisierte und rein zweckbestimmte Bauweise überstieg. Bewusst ausformulierte Elemente wie Balkone und Eckfenster stellen gezielte Betonungen eines ansonsten schlicht gehaltenen Erscheinungsbilds dar. Der so gewonnene Aussenraum und die optimale Belichtung der inneren Aufenthaltsräume bieten jeder Wohnung eine klare Aufwertung ihrer funktionalen Ausrichtung.

Der funktionale Bezug jeder gestalterischen Intervention ist eines der wesentlichsten Elemente der skandinavischen Moderne. Im Jahr nach der *Stockholmer Ausstellung 1930* fanden sich neben dem Organisationskomitee weitere renommierte Architekten und Publizisten zusammen, um mit der Streitschrift *acceptera* ein Manifest jener neuen Entwicklung zu verfassen.[24] Darin mahnten sie die unbedingte Akzeptanz der sich verändernden Wirklichkeit an. Der schwedischen Architektur ebneten sie den Weg aus der vorherrschenden Nationalromantik. Die humanisierenden Tendenzen dieser Strömung trieben die Aufweichung radikaler Positionen der frühen Moderne voran. Angesichts der herrschenden Weltwirtschaftskrise und der im Zuge steigender politischer wie wirtschaftlicher Verunsicherung wachsenden Kritik an der starren Auslegung eines dogmatischen Funktionalismus galt es – nach den Jahren der Avantgarde – die Praxistauglichkeit des Neuen Bauens zu belegen. Geradezu programmatisch wirkten die Worte Uno Åhréns (1897–1977) aus dem Jahr 1932, mit denen er die vor ihm liegende Aufgabe als Stadtbaumeister Göteborgs benannte: «Die ganze Funktionalismusdiskussion ist reif dazu, eingestellt zu werden. Die Zeit ist da für eine konkrete, realistische Behandlung von Wohn- und Städtebaufragen. Die programmatische, schablonenartige Debatte hatte ihre Berechtigung, solange wir uns noch in einer Übergangphase befanden. Aber man muss sich sagen, dass diese Zeit jetzt vorbei ist. Neue Ideen haben sich durchgesetzt, und die praktische Anwendung ist nicht eine Sache, die man mit Schlagwörtern verrichtet.»[25] Christoph Wieser beschrieb diese Erweiterung des Funktionalismusbegriffs als einen «aufgeklärten Funktionalismus», dem eine weitere Phase des «selbstverständlichen Funktionalismus» folge.[26] Die Befreiung von dogmatischer Beschränkung und der Ausbruch aus der zwanghaften Objektivierung aller Entwurfsaufgaben führte zu einer Vermenschlichung der Moderne. Nach wie vor definierte sich diese zwar über einen klar funktionalistischen Ansatz, liess aber nun auch bisher vernachlässigte Einflüsse zu, welche sich mit den Besonderheiten der schwedischen Architektur deckten und bereits in den frühen Wohnbauten Fröléns deutlich wurden.

Neben dem hohen sozialen Anspruch der skandinavischen Architektur wurde diese Vermenschlichung entscheidend auf der ästhetischen und emotionalen Ebene funktionalen Gestaltens erreicht. Für die *Schweizerische Bauzeitung* beschrieb die Berner Architektin Claire Eckmann (1914–1973) diese Entwicklung im Jahr 1941. Für sie bestach der sozial wie ästhetisch erweiterte Funktionalismus Schwedens durch «eine ganz feine Pflege des Details, ein liebevolles Eingehen nicht nur auf grosse, sondern auch auf die allerkleinsten Probleme, eine bescheidene, einfache aber doch gewollte Formgebung, die oft eine ganz ungeahnte, überraschende Wirkung erzielen kann [...]. Nur so kann eine Raumgestaltung zustande kommen, bei der neue Konstruktionsmöglichkeiten nicht Selbstzweck, sondern Diener einer Gesamtkonzeption sind, und bei der wirklich alles was das Auge trifft in wunderbarer Harmonie zusammenklingt zu einem neuen, ganz einmaligen ästhetischen Erlebnis».[27] Intensiver als in der Schweiz wurde diese einfühlsame Gestaltung in ihrer funktionalen, ästhetischen und emotionalen Dimension in England rezipiert. Das britische Magazin *Architectural Review* widmete sich in den 1940er Jahren regelmässig dem Baugeschehen in Schweden und etablierte neben einer ersten theoretischen Einordnung der wahrgenommenen Tendenzen auch deren Bezeichnung als «New Empiricism». Der terminologische Bezug zum Empirismus hob die sensorische Feinfühligkeit und empathische Entwurfsleistung in den Projekten dieser Strömung hervor. Mit Sven Backström (1903–1992) vom Stockholmer Büro Backström & Reinius überliess die *Architectural Review* 1943 einem der Pioniere dieser neuen Strömung das Wort. Entschlossen proklamierte er seine Motivation für eine humanere Gestaltung: «Allmählich begannen die Menschen zu entdecken, dass die ‹neue Objektivität› nicht immer so objektiv war und die Häuser nicht immer so gut funktionierten, wie man es erwartet hatte. Auch spürten sie, dass viele der ästhetischen Werte und die kleinen Zugeständnisse zur Gemütlichkeit fehlten, auf die wir Menschen so angewiesen sind und die unsere architektonische und häusliche Tradition doch entwickelt hatte. Es war schwierig, sich in den neuen Häusern einzurichten, denn die ‹neuen› Menschen unterschieden sich nicht von den älteren.»[28] Wie sich diese Kritik an der radikalen Moderne in der Architektur umsetzte, dokumentierte das Magazin anhand zahlreicher Bauten des New Empiricism. Unter den Berichten über exemplarische Werke der Strömung fand sich neben jenem zur Königlichen Tennishalle auch einer über ein kleines Wohnhaus Fröléns aus dem Jahr 1939[29] – eben jener Zeit, als Jauch im Atelier des Schweden gewirkt hatte. Die Einbettung des Hauses in die Gartenanlage von Schloss Näsby, dessen direkter Bezug zur Natur und Fröléns Umgang mit der bestehenden Topografie erkannte die *Architectural Review* als wesentlich und erhob sie zu konstituierenden Merkmalen dieser neuen schwedischen Architektur. Die essenziellere Schnittmenge der Bauten des New Empiricism bildete jedoch – wie von Backström angedeutet – der Mensch. Entgegen den monumentalen Architekturentwürfen der totalitären Regierungssysteme dieser Zeit rückte die skandinavische Architektur die Nutzer und Nutzerinnen zurück in den Mittelpunkt. Sie bildeten den Ausgangspunkt aller Entwurfsarbeit. Der Funktionalismus Schwedens strebte nach der vollständigen Gewährleistung aller Notwendigkeiten der Menschen, weit über die reine Zweckerfüllung hinaus.

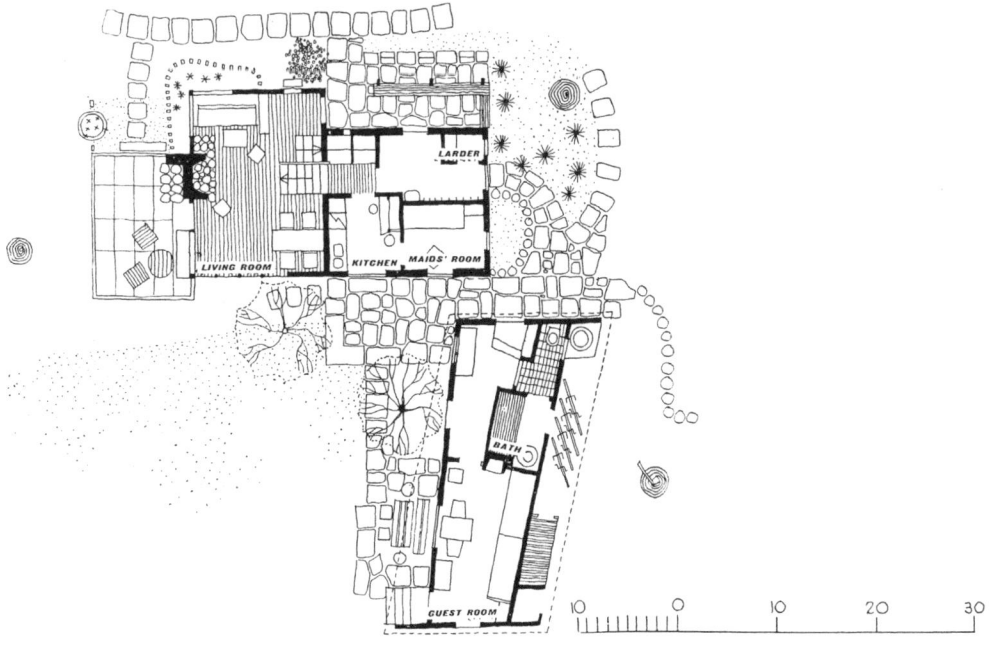

(24) Fröléns Umgang mit der bestehenden Topografie und der unmittelbare Naturbezug seines Hauses im Garten von Schloss Näsby erkannte die *Architectural Review* als bezeichnend für den New Empiricism, den sie der schwedischen Architektur jener Jahre bescheinigte.

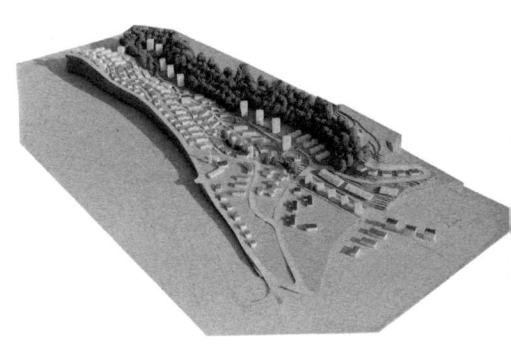
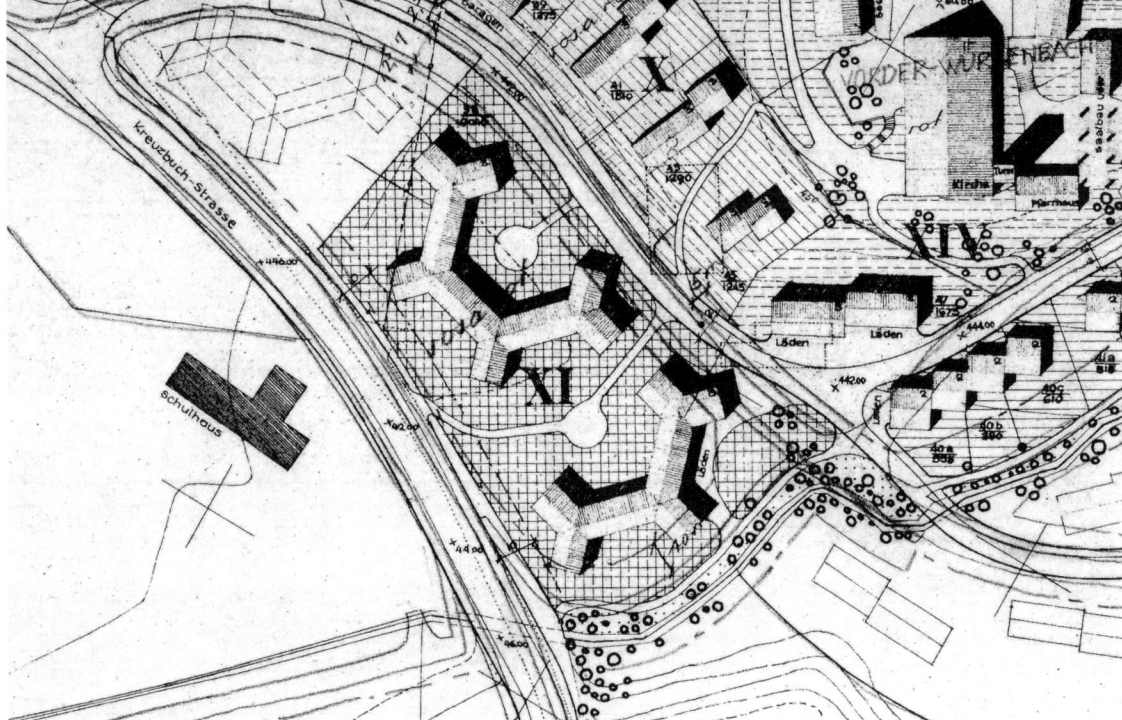
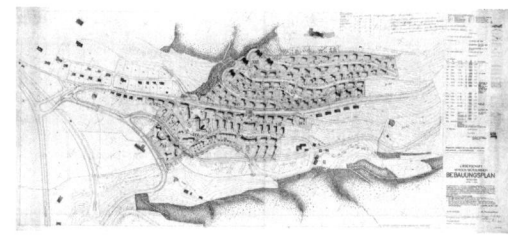

(25) Im Überbauungsplan für das Luzerner Quartier Würzenbach sah Jauch neben seinen Mehrfamilienhäusern (→ (07)) den Bau zweier Sternhäuser vor, von denen eins im Jahr 1957 realisiert wurde. Die Organisation dieser prägnanten Bauform erscheint als bewusste Adaption...

Der Einfluss, den seine Erfahrungen in Schweden auf den Luzerner Jauch ausübten, ist evident und relevant. Die Zusammenarbeit mit einem der Protagonisten dieser Tendenz in einer Zeit, in der einige der wegweisendsten Bauten dieser Entwicklung entstanden, prägte die architektonische Auffassung Jauchs nachhaltig und wirkte deutlich in den Bauten nach, die aus seiner selbstständigen Tätigkeit resultierten. Während seine Mehrfamilienhäuser im Quartier Würzenbach erstmals «skandinavische Wohn- und Lebensformen» in der «konservativen Enge Luzerns» aufblühen liessen,[30] wirkte sein Entwurf für die Sternhäuser im selben Quartier wie eine schweizerische Adaption der Stockholmer Siedlung Akterspegel von Backström & Reinius. Diese Rückbezüge auf seine Erfahrungen im Norden verdeutlichen, wie verbunden Jauch auch nach seiner Rückkehr den Geschehnissen in Schweden blieb und wie sehr er die Inhalte des New Empiricism in sich selbst und dadurch in seine schweizerische Heimat trug. Die intensive Auseinandersetzung mit der Typologie des Schulhauses macht den Einfluss Schwedens in seinem Werk explizit. In seinen Schulbauten vereinte Jauch die funktionale Organisation der Nutzung mit der ihm eigenen empathischen und kindgerechten Gestaltung. Diese Verwandtschaft blieb auch der *Architectural Review* nicht verborgen. Den Beitrag zu Jauchs Erstling, dem Primarschulhaus Felsberg in Luzern, überschrieb das Magazin daher 1950 mit der Feststellung: «Switzerland: Reaction and Empiricism».[31]

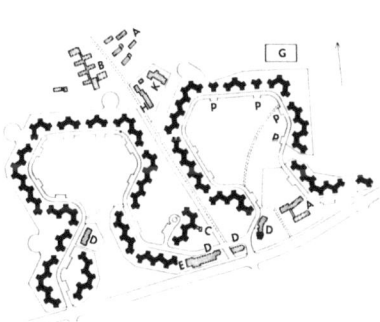

26 …der Stockholmer Siedlung Akterspegel aus dem Jahr 1946 (links). Sven Backström und Leif Reinius entwickelten für diese Überbauung ein dreispänniges Grundrissmodul, welches auch 1952 für die Siedlung Rosta in Örebro zur Anwendung kam (rechts).

1 Siehe Bruno Maurer, «‹Die Revolution hat nicht stattgefunden in der Erziehung›. Werner M. Moser und die Erziehung zur Architektur», in: Sonja Hildebrand, Bruno Maurer, Werner Oechslin (Hrsg.), *Haefeli Moser Steiger. Die Architekten der Schweizer Moderne*, Zürich 2007, S. 116–142, hier S. 127.
Während eines Gesprächs mit Rudolf Steiger notierte Werner M. Moser in seinen Aufzeichnungen: «S. B. G.: Vorspiegelung der Sicherheit mit verblödeter Massivarchitektur». Diese Bemerkung bezog sich auf Jauchs Wettbewerbsbeitrag für die Schweizerische Bankgesellschaft an der Bahnhofstrasse Zürich.
2 Privatnachlass von Emil Jauch, Brief des Juryvorsitzenden Prof. William Dunkel an Emil Jauch vom 26.10.1951.
3 «Wettbewerb für eine neue Kirche mit Pfarrhaus und Pfarreiräumen auf der Warteggrippe im Quartier Tribschen, Luzern», in: *Schweizerische Bauzeitung* 68 (1950), H. 9, S. 107–113, hier S. 111.
4 Doris Tappolet, «Reihenhäuser – ganz persönlich», in: *Elle* 1962, H. 2, S. 58–59.
5 Siehe «Wettbewerb für ein Gewerbeschulhaus in Schaffhausen», in: *Schweizerische Bauzeitung* 69 (1951), H. 9, S. 407–412.
6 Siehe Emil Jauch, «Der Schulhausbau auf dem Lande», in: Stiftung Pro Helvetia (Hrsg.), *Kulturpolitik in der Schweiz. Förderung der Kultur durch Kantone und Gemeinden*, Zürich 1954, S. 127–133.
7 Vgl. Claude Lichtenstein (Hrsg.), *O. R. Salvisberg. Die Andere Moderne*, Zürich 1995, S. 6.
8 Zit. n. ebd., S. 10.
9 Otto Rudolf Salvisberg, «Zeitfragen der Architektur», erschienen in der Festschrift *Die ETH dem SIA zur Jahrhundertfeier*, entnommen aus Lichtenstein 1995 (wie Anm. 7), S. 254.
10 Ebd.
11 Ebd.
12 Stadtarchiv Luzern, Bestand E02b. Im Stadtarchiv Luzern ist eine Rechnungsstellung für das Landhausprojekt am Monte Brè hinterlegt in italienischer Sprache, ausgestellt auf Emil Jauchs Namen.
13 Staatsarchiv Kanton Luzern, Bestand PA 618/97. Brief von Emil Jauch an Moritz Raeber vom 30.07.1939.
14 Alfred Roth, «Primarschule und Kindergarten auf dem Bruderholz Basel», in: *werk* 30 (1943), H. 6, S. 179–184, hier S. 180.
15 Siehe Emil Jauch, «Klein-Eigenhausbau in Schweden», in: *Schweizerische Bauzeitung* 115/116 (1940), H. 26, S. 299–303; Peter Meyer, «Diskussion über Monumentalität», in: *werk* 27 (1940), H. 7, S. 189–195.
Neben Lisbeth Sachs dankte Peter Meyer in diesem Artikel Emil Jauch für die Übersetzung des Artikels aus dem Schwedischen.
16 Staatsarchiv Kanton Luzern, Bestand PA 618/97. Brief von Emil Jauch an Moritz Raeber vom 23.12.1940.
17 Ebd.
18 Staatsarchiv Kanton Luzern, Bestand PA 618/97. Brief von Emil Jauch an Moritz Raeber vom 26.07.1942.
19 Ebd.
20 Ebd., Brief von Emil Jauch an Moritz Raeber vom 28.03.1942.
21 Vgl. Jürgen Joedicke, *Geschichte der modernen Architektur*, Stuttgart 1958. Joedicke prägte den Ausdruck der «schöpferischen Peripherie» in seiner Berichterstattung über die Fortentwicklung des Neuen Bauens in Schweden und in der Schweiz.
22 Zwischen 1912 und 1948 wurden im Rahmen der Olympischen Spiele auch Kunstwettbewerbe in Architektur, Literatur, Musik, Malerei und Bildhauerei ausgetragen. In der Kategorie Architektur wurde ab 1928 zwischen «Allgemeiner Architektur» und «Städtebau» unterschieden. Alle Beiträge wiesen einen sportlichen Bezug auf. Mit seinem Entwurf «Schwimm- und Sporthalle Göteborg» erlangte der schwedische Architekt Nils Olsson 1948 die Bronzemedaille. Der Beitrag Fröléns ist nicht dokumentiert. 1948 wurden diese Kunstwettbewerbe letztmals ausgetragen.
23 Privatnachlass von Emil Jauch: Mehrere Verkleinerungen von Planunterlagen zu den Wohnbauten und Kinosälen der Bauten Fröléns entlang der Askrikegatan in Stockholm tragen im Plankopf die Signatur Emil Jauchs.
24 Siehe Erik Gunnar Asplund (Hrsg.), *acceptera*, Stockholm 1931.
25 Uno Åhrén [ohne Titel], in: *Göteborgs Handels- och Sjöfarts-Tidning* 3.5.1932; zit. n. Christoph Wieser, *Erweiterung des Funktionalismus 1930–1950. Mit Beispielen aus der Schweiz und Schweden*, (Diss.) Lausanne 2005, S. 85.
26 Vgl. Wieser 2005 (wie Anm. 25), S. 83–189.
27 Claire Eckmann, «Neue Schwedische Architektur», in: *Schweizerische Bauzeitung* 117/118 (1941), H. 16, S. 185–186, hier S. 186.
28 Sven Backström, «A Swede looks at Sweden», zit. n. «The New Empiricism. Sweden's latest style», in: *Architectural Review* 1947, H. 6, S. 199–204, hier S. 199–200.
Originaltext: «It was then that people gradually began to discover that the ‹new objectivity› was not always so objective, and the houses did not always function as well as had been expected. They also felt the lack of many of the aesthetic values and the little contributions to cosiness that we human beings are so dependent upon, and that our architectural and domestic tradition had nevertheless developed. It was difficult to settle down on the new houses because the ‹new› human beings were not different from the older ones.» [Übersetzung des Autors]
29 «The New Empiricism. Sweden's latest style», in: *Architectural Review* 1947, H. 6, S. 199–204.
30 Ueli Habegger, «Jauch, Emil, schweiz. Architekt», in: Andreas Beyer u. a. (Hrsg.), *Allgemeines Künstlerlexikon. Die Bildenden Künstler aller Zeiten und Völker*, Bd. 77, Berlin/Boston 2013, S. 428–429, hier S. 429.
31 «Switzerland: Reaction and Empiricism», in: *Architectural Review* 1950, H. 2, S. 111–115.

RASMUS NORLANDER

📄		📍	⌀	⏱	🔆
42–43	*Rakt på nedre del*	Felsberg, Luzern / Lucerne (LU)	16	8′	90
44	*Trappa med pelare*	Felsberg, Luzern / Lucerne (LU)	16	2′	135
45	*Från parkeringen*	Matte Süd, Flüelen (UR)	11	30′	90
46	*Tak*	Matt, Hergiswil (NW)	16	8′	90
47	*Trappa och räcke*	Matte Süd, Flüelen (UR)	11	4″	72
48	*Trä detalj*	Felsberg, Luzern / Lucerne (LU)	11	4″	135
49	*Klassrum centralperspektiv*	Langendorf (SO)	11	1″	90
50–51	*Entré på avstånd*	Langendorf (SO)	11	15′	90
52	*Nedre hörn*	Felsberg, Luzern / Lucerne (LU)	16	2′	135
53	*Kontextbild*	Matte Süd, Flüelen (UR)	11	15′	72
54	*Mosaik*	Felsberg, Luzern / Lucerne (LU)	8	1″	135
55	*Låg gång utifrån med bord*	Matt, Hergiswil (NW)	11	15′	90
56	*Glasparti*	Matte Süd, Flüelen (UR)	11	2″	72
57	*Från pianorummet*	Matte Süd, Flüelen (UR)	16	2″	72
58–59	*Mot sal och vatten*	Matt, Hergiswil (NW)	11	2′	90
60	*Fontän*	Felsberg, Luzern / Lucerne (LU)	16	2″	35
61	*Rätt på utsnitt*	Langendorf (SO)	16	15′	90
62	*Golvsten*	Langendorf (SO)	11	2″	135
63	*Fontän*	Matt, Hergiswil (NW)	11	1″	90
64–65	*Hela skolan med gräsfält*	Matte Süd, Flüelen (UR)	11	15″	72
66	*Trappa utifrån*	Matt, Hergiswil (NW)	11	1″	90
67	*Vaktmästarbostad*	Matte Süd, Flüelen (UR)	11	4″	90
68	*Samlingshall*	Matt, Hergiswil (NW)	11	2′	90
69	*Klassrum*	Matte Süd, Flüelen (UR)	11	2″	90
70–71	*Mot stora salen*	Matte Süd, Flüelen (UR)	11	2″	90
72	*Entré*	Felsberg, Luzern / Lucerne (LU)	16	2′	135

75

Die Schulbauten

JAUCHS SCHULEN

Bereits mit dem ersten Bau seiner selbstständigen Tätigkeit fand sich Jauch in der Wahrnehmung einer breiten Öffentlichkeit wieder. Während die *Architectural Review* im Luzerner Schulhaus Felsberg eine schweizerische Reaktion auf den New Empiricism erkannte,[32] betonte Alfred Roth, es könne «als wertvoller Beitrag zur zeitgemäßen Lösung der Schulbaufrage gelten».[33] Jauchs Erstling bescheinigte er eine «dem kindlichen Gemüte entsprechende frohe Stimmung».[34] In der Luzerner Anlage, die zwischen 1944 und 1948 entstand, erkannte Roth «ein Beispiel dafür, wie verschiedenartig und charaktervoll eine solche Aufgabe gelöst werden kann, wenn vom Schema abgegangen und das Problem in frischer Unvoreingenommenheit und mit eindringlichem Erfassen seines Wesens angepackt wird».[35] Tatsächlich stellte die Anlage Felsberg nach dem Schulhaus Bruderholz von Hermann Baur einen der frühesten Beiträge zum schweizerischen Diskurs über das Pavillonschulhaus dar. Während das Basler Bruderholz eingeschossig ausgeführt wurde, besteht Jauchs Luzerner Anlage aus drei zweigeschossigen Pavillons, die sich sorgfältig in den Geländeverlauf einfügen. Durch leichtes Verdrehen zueinander brechen sie die Strenge ihrer langgestreckten Form in eine harmonische Gliederung überschaubarer Baukörper auf. Die rücksichtsvolle Positionierung der Anlage auf dem terrassenartigen Parkgrundstück oberhalb des Vierwaldstättersees stellt einen klaren Verweis auf Jauchs Erfahrungen mit der Architektur Skandinaviens dar. Abgerückt vom Ausblick über See und Stadt, sind die Gebäudeteile bewusst entlang der nördlichen Grundstücksgrenze angeordnet. So vereinnahmte Jauch die hervorstechendste Qualität des Areals nicht exklusiv für die Schulnutzung, sondern erhielt das Panorama für die bestehende, der Öffentlichkeit zugängliche Parkanlage. Dank der gedeckten Pausenhallen schreibt sich die Parklandschaft bis in die Eingangszonen der einzelnen Baukörper fort. Ein halbgeschossiger Versatz der Pavillons zueinander löst die Einbettung der Anlage in das leicht abfallende Gelände. Im Inneren ermöglicht diese Staffelung ein effizientes Erschliessungssystem. Grosszügige Pausenhallen im Bereich der Treppenpodeste verbinden die erdgeschossigen Nutzungen mit den Schulzimmern im Obergeschoss, aber auch die benachbarten Pavillons untereinander. Jauchs Entwurf erreichte so eine bemerkenswerte Raumfolge durch die gesamte Schulanlage. Der stete Wechsel von Innen- und Aussenräumen lässt jeden Pavillon als eigene Erlebniswelt erscheinen. Der Singsaal, der sich durch seine polygonale Grundfläche und die gedrehte Firstrichtung von der Abfolge der Pavillons abhebt, bildet als quartieroffene Nutzung zusammen mit der Turnhalle den markanten Auftakt für die Schulanlage, hinter der sich die Parkanlage zur Stadt hin öffnet.

27 Im Februar 1950 präsentierte die *Architectural Review* das Luzerner Schulhaus Felsberg einer internationalen Leserschaft.

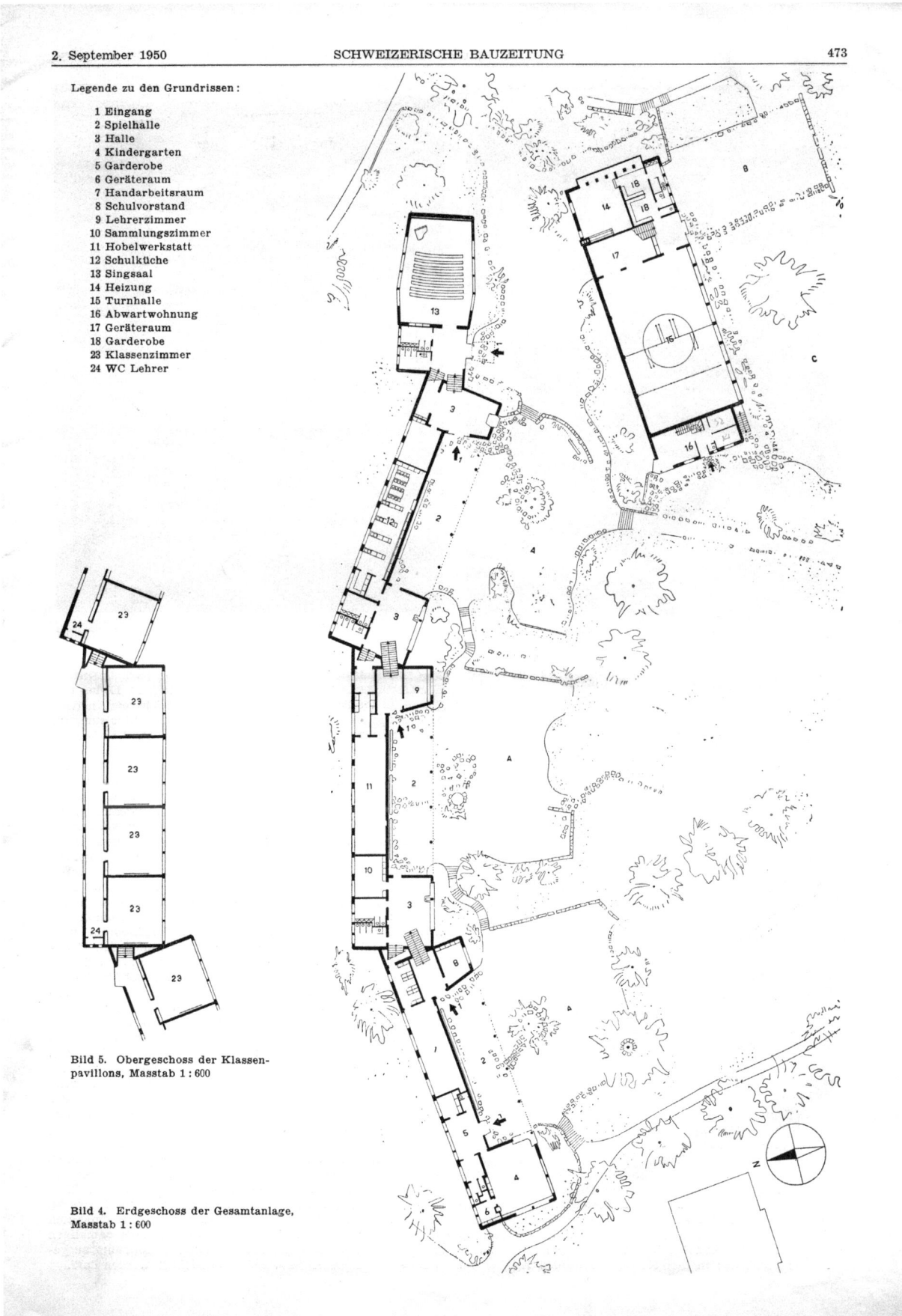

Legende zu den Grundrissen:

1 Eingang
2 Spielhalle
3 Halle
4 Kindergarten
5 Garderobe
6 Geräteraum
7 Handarbeitsraum
8 Schulvorstand
9 Lehrerzimmer
10 Sammlungszimmer
11 Hobelwerkstatt
12 Schulküche
13 Singsaal
14 Heizung
15 Turnhalle
16 Abwartwohnung
17 Geräteraum
18 Garderobe
23 Klassenzimmer
24 WC Lehrer

Bild 5. Obergeschoss der Klassenpavillons, Masstab 1:600

Bild 4. Erdgeschoss der Gesamtanlage, Masstab 1:600

(28) Die leicht gedrehte Ausrichtung der Pavillons zueinander gliedert die 120 Meter lange Schulanlage in eine Abfolge überschaubarer Einheiten, die sich in das bestehende Terrain einpassen.

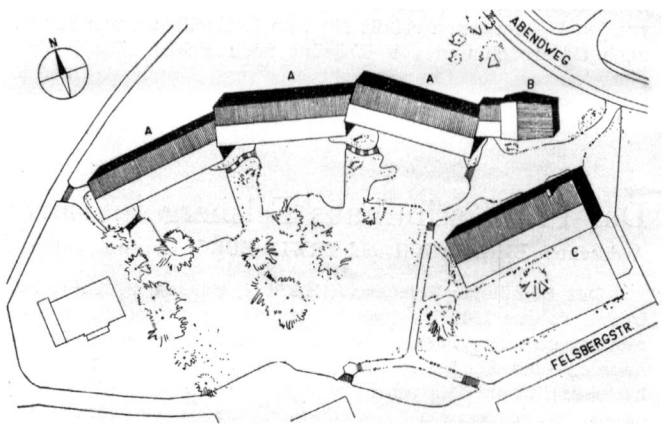

(29) Entlang der nördlichen Grundstücksgrenze gestaffelt, bewahren die Pavillons der Schulanlage Felsberg...

(30) ...den Ausblick über die Stadt Luzern und den Vierwaldstättersee für die bestehende, der Öffentlichkeit zugängliche Parkanlage.

DIE SCHULBAUTEN

㉛ Im Inneren ermöglicht die Einbettung der Trakte in die Topografie eine effiziente Erschliessung mit grosszügigen Pausenhallen, welche...

㉜ ...durch stetig wechselnde Sichtbezüge nach innen und aussen spannende Erlebniswelten schaffen.

(33) Der polygonale Singsaal bildet gemeinsam mit der Turnhalle den Auftakt der Schulanlage Felsberg. Ein hölzernes Vordach auf bombierten Stützen markiert den Haupteingang des Schulbaus.

Während die Ausführung der Schulanlage Felsberg zusammen mit Erwin Bürgi auf dem Siegerentwurf Jauchs beruhte, war das folgende Projekt in Langendorf bei Solothurn eine gemeinschaftliche Arbeit beider Architekten. Aufgrund von Bürgis ortsbürgerlicher Zugehörigkeit zum Kanton Solothurn galt die Luzerner Arbeitsgemeinschaft für diesen beschränkten Wettbewerb als teilnahmeberechtigt und konnte so das Preisgericht unter der Führung Rohns von ihrem Beitrag überzeugen. Entgegen der ursprünglich umfangreicheren Aufgabenstellung für eine Gesamtschulanlage mit Turnhalle, Singsaal und Hauswartwohnung wurde das Vorhaben nach dem Wettbewerbserfolg aus Gründen der Budgetierung reduziert. Die 1950 fertiggestellte Turnhalle sowie der zweigeschossige Klassentrakt ergänzen das bestehende Schulhaus aus dem Jahr 1886 dennoch zu einer gefassten Gesamtanlage. In freier Gruppierung passen sich die Bauten in die bestehende Topografie des Geländes ein, formen einen neuen «Dorfplatz» nach Süden und spielen den westlichen Bereich des Areals für die Sportflächen mit Blick auf die nahen Juraberge frei. Das Zentrum der Anlage bildet der dem Schultrakt angegliederte, expressiv gestaltete Singsaal mit abgerundeter Giebelwand. Auf sechs bombierten Natursteinsäulen gelagert, markiert er sowohl den überdeckten Pausenbereich als auch den Hauptzugang des Schulbaus. In seiner Materialisierung und architektonischen Ausformulierung schreibt das Schulhaus Langendorf den Bau des Luzerner Felsberg-Schulhauses fort. Darüber hinaus besticht die Solothurner Anlage durch ihre ausserordentlich grosszügige wie künstlerische Ausgestaltung, welche die lokale Presse anlässlich der Eröffnungsfeier zu dem Fazit bewog, «daß bei den Schulhausbauten nicht nur die Zweckmäßigkeit, sondern auch die Schönheit ihren Platz fand. In den Kindern die Liebe zum Schönen zu wecken, ist eine der vornehmsten Erziehungsaufgaben. Möge die harmonische Schulanlage von Langendorf [...] ihr hohes Ziel: die harmonische Menschenbildung, in bester Weise erreichen!»[36] Im Namen beider Architekten entgegnete Bürgi: «Wenn wir mit dem, was wir gedacht und getan, einen Beitrag zu dieser schönsten Aufgabe, der fortschrittlichen Erziehung der Jugend, leisten konnten, so darf unsere Aufgabe als erfüllt betrachtet werden.»[37]

34 Von dem eigentlich umfangreicheren Wettbewerbsprojekt für die Schulanlage Langendorf setzten Emil Jauch und Erwin Bürgi 1950 lediglich die Turnhalle und den unteren Klassentrakt samt Singsaal um.

㉟ In freier Gruppierung mit dem bestehenden Schulhaus von 1886 formieren die Bauten der Turnhalle und des südlichen Klassentrakts einen zentralen «Dorfplatz»,…

㊱ …dessen Mitte der expressiv gestaltete Singsaal samt Schuluhr bildet.

NR. 210　　　　　　　　　　SOLOTHURNER ANZEIGER　　　　　　　　SAMSTAG, 9. SEPTEMBER 1950

Schulhausneubau Langendorf

Ansicht des neuen Schulhauses mit Aula, von Westen gesehen

Photo Zeppa, Langendorf

Das Schulbauproblem

Bauprobleme gehören heute zu den zentralen sozialen Aufgaben der meisten Gemeinden, bedingt durch eine bedeutende Bevölkerungszunahme, eine dadurch vermehrte Schülerfrequenz und die neuen pädagogischen Gesichtspunkten in der Unterrichtsgestaltung. Entsprechend dem Fortschritt auf dem Gebiete des Erziehungswesens sind Form, Größe und Gestaltung des Schulhauses eingehend zu berücksichtigen; außerdem müssen die Ideen der allgemeinen Ortsplanung und Entwicklung jeweilen in die Konzeption einbezogen werden, hinsichtlich richtiger Platzwahl, passender Abmessungen der Baukörper, Wahl der Baumaterialien und des architektonischen Charakters.

Erfreulicherweise haben *auch in unserer Gemeinde* die zuständigen Behörden dem Problem alle Aufmerksamkeit geschenkt und *frühzeitig* die dazu notwendigen *Vorkehren* getroffen, nachdem durch den Krieg eine von Herrn Architekt Adam, Solothurn, vorbereitete und von der Gemeindeversammlung beschlossene Turnhalle im Jahre 1942 nicht ausgeführt werden konnte. Am 14. September 1945 trat die vom Gemeinderat ernannte «Studienkommission» zu ihrer ersten Sitzung zusammen. Ihre Aufgabe lautete:

Auf Grund sorgfältiger Untersuchungen der Bedürfnisfrage auf Jahrzehnte hinaus eine Planung der *Raumfrage für die Schulen*, das *Turnen* und die *Vereinstätigkeit* vorzubereiten und dem Gemeinderat Bericht und Antrag zu stellen. Das Ergebnis dieser Beratungen war der Vorschlag zu einem *Projektwettbewerb* zur Erlangung von Entwürfen für ein neues Schulhaus mit Turnhalle. Das Raumprogramm enthielt die Bezirksschule, eine neue Primarschule, die Turnhalle, Nebenräume, eine Abwartswohnung und die Pausen-, Spiel- und Turnplätze. Die Ausführung sollte in *drei Etappen* vollzogen werden können. Als erste Etappe die Turnhalle, als zweite die Bezirksschule und als dritte die Erstellung eines neuen Primarschulhauses. Dieses Programm konnte so ausgeschrieben werden, nachdem für die Bedürfnisse der Vereine die *Uhrenfabrik Langendorf* auf Vorstellung der Gemeinde einen neuen Konzertsaal zu errichten sich verpflichtete und damit eine wesentliche finanzielle Entlastung und eine *glückliche Aufteilung der Bauaufgaben ermöglichte*.

Mit einer Wettbewerbssumme von Fr. 15 000 wurde im Sommer 1946 unter den im Kanton Solothurn wohnenden und heimatberechtigten Architekten ein Projektwettbewerb durchgeführt, dem ein voller Erfolg beschieden war. Das Preisgericht hatte dreißig rechtzeitig eingereichte Entwürfe zu beurteilen. Bevor die Jury auf die Beurteilung der einzelnen Entwürfe einging, stellte sie einige *grundsätzliche Bestimmungen* auf, wie die Bauaufgabe gelöst werden sollte: Die ländliche Umgebung läßt nur eine lockere Bauanlage zu. Die Freihaltung eines möglichst großen Geländeteils gegen Westen mit Blick in die schöne Juralandschaft ist sehr erwünscht. Die Einbeziehung des alten Schulhauses ist anzustreben. Es soll eine einfache, materialgerechte und selbstverständliche Gestaltung angestrebt werden. Diese grundsätzlichen Erwägungen der Architekten des Preisgerichtes schienen auch bei *Architekt E. Bürgi, Luzern*, bei der Bearbeitung seines Entwurfes wegleitend gewesen zu sein. Das Preisgericht versah das Projekt deshalb mit *dem ersten Preis;* einstimmig wurde auch die Weiterbearbeitung der Bauaufgabe nach den Bestimmungen der Wettbewerbsordnung den Erstprämierten zuerkannt.

Es stellte sich bald heraus, daß die erste und zweite Bauetappe zugleich ausgeführt werden müßten, da die Primarschule dringend vier Zimmer benötigte. Die Gemeinde sah sich vor die Frage gestellt, eine Zwischenlösung zu suchen oder nach der vorhandenen Planung die Ausführung vorzubereiten. Herr Architekt Bürgi erhielt daher den Auftrag, nebst der planlichen Bereinigung seines Entwurfes einen detaillierten Kostenvoranschlag für die Turnhalle und das Bezirksschulhaus mit Nebenräumen aufzustellen. Zu unserer großen Überraschung betrugen dafür die Baukosten Fr. 2,5 Millionen, was als untragbar zurückgewiesen werden mußte. Durch *große Abstriche im Raumprogramm* und *Einsparungen in der Ausführung* konnte eine bereinigte Kostenberechnung von Fr. 1,7 Millionen vorgelegt werden (ohne Honorare).

Die denkwürdige Gemeindeversammlung vom 21. Mai 1948 beschloß begeistert und einstimmig die Ausführung der so bereinigten Vorlage. Damit hatte die Geburtsstunde der Bezirksschule geschlagen. Ein seit 1909 immer wieder gefordertes und wegen Fehlens der Schulräume unverwirklichtes Postulat einer *mittelleberbergischen Bezirksschule mit Sitz in Langendorf* konnte in absehbarer Zeit in Erfüllung gehen. Die Gemeinde stellte sich damit ein glänzendes Zeugnis politischer Aufgeschlossenheit und Opferbereitschaft aus.

Der Auftrag wurde in der Folge unter die *Architekten Jauch und Bürgi, Luzern,* und *W. Adam, Solothurn,* aufgeteilt. Erstere hatten die Ausführungs- und Detailpläne, die Vorbereitung der Ausschreibung zu besorgen und die Oberaufsicht auf der Baustelle. Herr Adam wurde als beratender Fachmann mit besonderer Bauaufsicht zugezogen; er hatte die Durchführung und Vergebung der Arbeiten zu besorgen, und aus seinem Büro wurde die spezielle Bauführung Bauführer Ledermann gestellt. Nach verschiedenen Anlauf- und Anfangsschwierigkeiten nahm der Baufortschritt seinen gewohnten Gang, dank dem korrekten, kollegialen Einvernehmen der Herren Architekten und der klaren Abgrenzung der Kompetenzen, dank aber auch dem sehr guten Zusammenspiel in der Baukommission.

Mitte Sommer 1948 hob ein Schaffen und Rattern mit den Baggern und Baumaschinen an; noch vor dem Einbruch des Winters kamen die Fundamente zum Vorschein, und nach einem durch die Witterung bedingten Unterbruch von Weihnachten 1948 bis April 1949 konnte der Rohbau so weit fertiggestellt werden, daß anfangs Juni 1949 das *Aufrichtefest* Bauherrschaft, Meister und Junggesellen zu einem Augenblick der Freude und Rückschau zusammenführte. Es war ein *glückhaftes Bauen;* ohne unangenehme Überraschungen und ohne Ausfall waren im Sommer die Gebäude unter Dach, der zeitraubende und wohldurchdachte Innenausbau konnte beginnen. Nach dem Maurer, Steinhauer, Zimmermann, Dachdecker und Spengler erschienen der Installateur, der Gipser, Schreiner und Maler auf dem Plan; ein neues Klopfen, Hobeln, Streichen zeugte von emsigem Schaffen.

Auf 1. Mai 1950 konnte die am 1. Dezember 1949 vom hohen Kantonsrat bewilligte *Bezirksschule Langendorf-Oberdorf* ihren Einzug halten; die Räumlichkeiten waren bereit, ebenso die Haushaltungsschule und die übrigen Schulzimmer. Wenn schon weiter

(37) Mit der abgerundeten Giebelwand und auf sechs bombierten Natursteinsäulen ruhend, formt der Singsaal den überdachten Pausenbereich samt Hauptzugang der Schulanlage Langendorf.

Obwohl Jauchs Zusammenarbeit mit Bürgi bei einem weiteren Schulhauswettbewerb in Horw mit dem zweiten Rang belohnt wurde, beendeten die beiden Architekten ihre Arbeitsgemeinschaft nach der Fertigstellung des Solothurner Projekts im Jahr 1951. Nur ein Jahr später sollten sich ihre Wege bei einem Wettbewerb für ein Schulgebäude in Sursee erneut kreuzen. Während Bürgi den dritten Platz erlangte, konnte Jauch, nun zusammen mit Walter H. Schaad, diese Ausschreibung für sich entscheiden. Die prägnante städtebauliche Setzung der bis zu viergeschossigen Bauten sowie die streng nach funktionalen und ökonomischen Gesichtspunkten organisierten Grundrisse der geplanten Mittel- und Berufsschule bewiesen das analytische Vorgehen Jauchs in der Lösung schulbauspezifischer Aufgaben, riefen aber auch kritische Reaktionen von Berufskollegen auf den Plan.[38] Entgegen deren Einwände nahm die *Schweizerische Bauzeitung* diesen Erfolg der beiden Luzerner Architekten explizit zum Anlass, die aufgrund mangelnder Vielfalt eingestellte Berichterstattung über Schulhauswettbewerbe wieder aufzunehmen, da – so stellte es die Redaktion in ihrer Vorbemerkung zur Besprechung dieses Wettbewerbs fest – die «Gestaltungslust der Teilnehmer und die Freude der Preisrichter am Entdecken neuer Richtlinien [...] sich auf die Dauer nicht unterdrücken» liess.[39] Trotz der Empfehlung des Preisgerichts unter der Leitung von Baur konnte das Projekt nach jahrelanger Verhandlung schlussendlich nicht umgesetzt werden. Die innovativen Ansätze, die in diesem Wettbewerb spürbar waren, sollten wenig später – im Jahr 1954 – dennoch ihren Weg zur Umsetzung finden. Neben einem Bau in seinem Bürgerort Flüelen konnte Jauch mit einem Schulhaus in Hergiswil, das er wiederum mit Schaad realisierte, im Abstand weniger Monate gleich zwei Schulbauten fertigstellen. In ihrer zeitgleichen Entwicklung vereinten beide Bauten gemeinsame Themen und führten parallel entwickelte Lösungsansätze zu ihrer praktischen Anwendung.

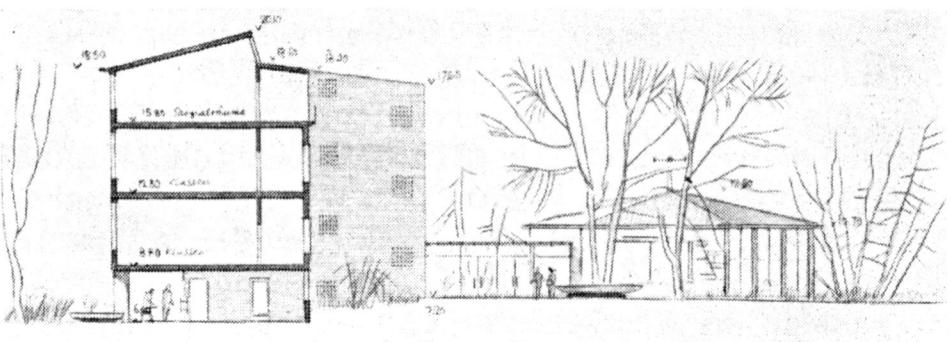

(38) Nach dem Ende der Zusammenarbeit mit Erwin Bürgi verwies Jauchs siegreiches Wettbewerbsprojekt für eine Schulanlage in Sursee den Beitrag des ehemaligen Mitstreiters auf den 3. Platz. Während die Jury um Hermann Baur die Nutzung der topografischen Gegebenheiten imponierte,...

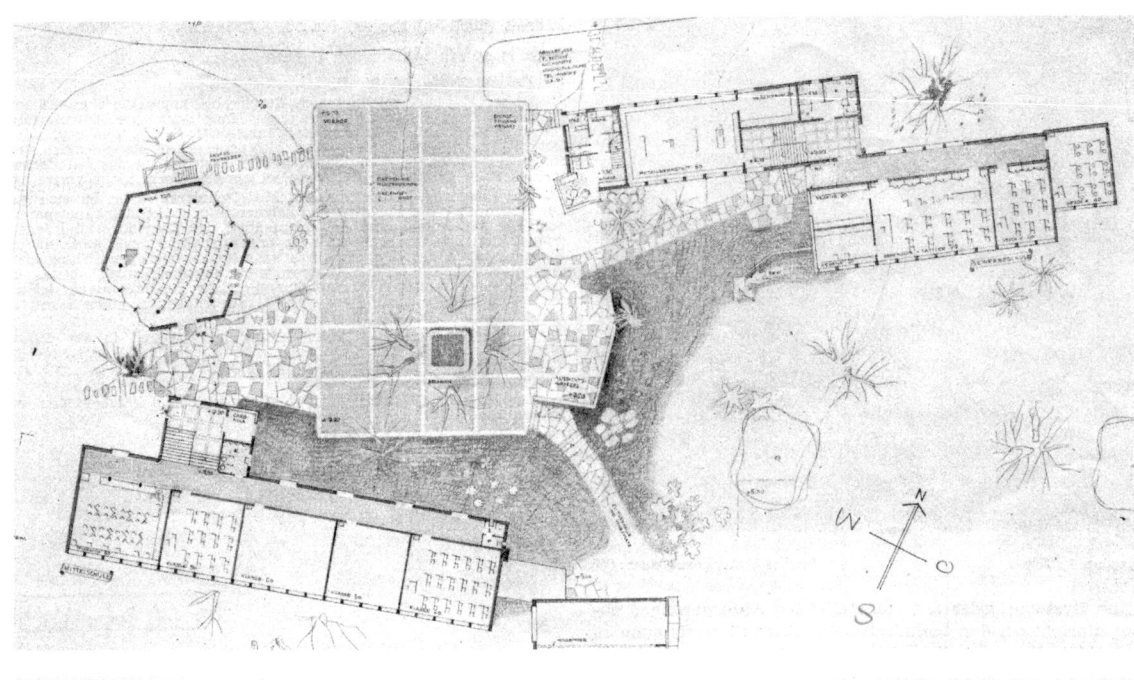

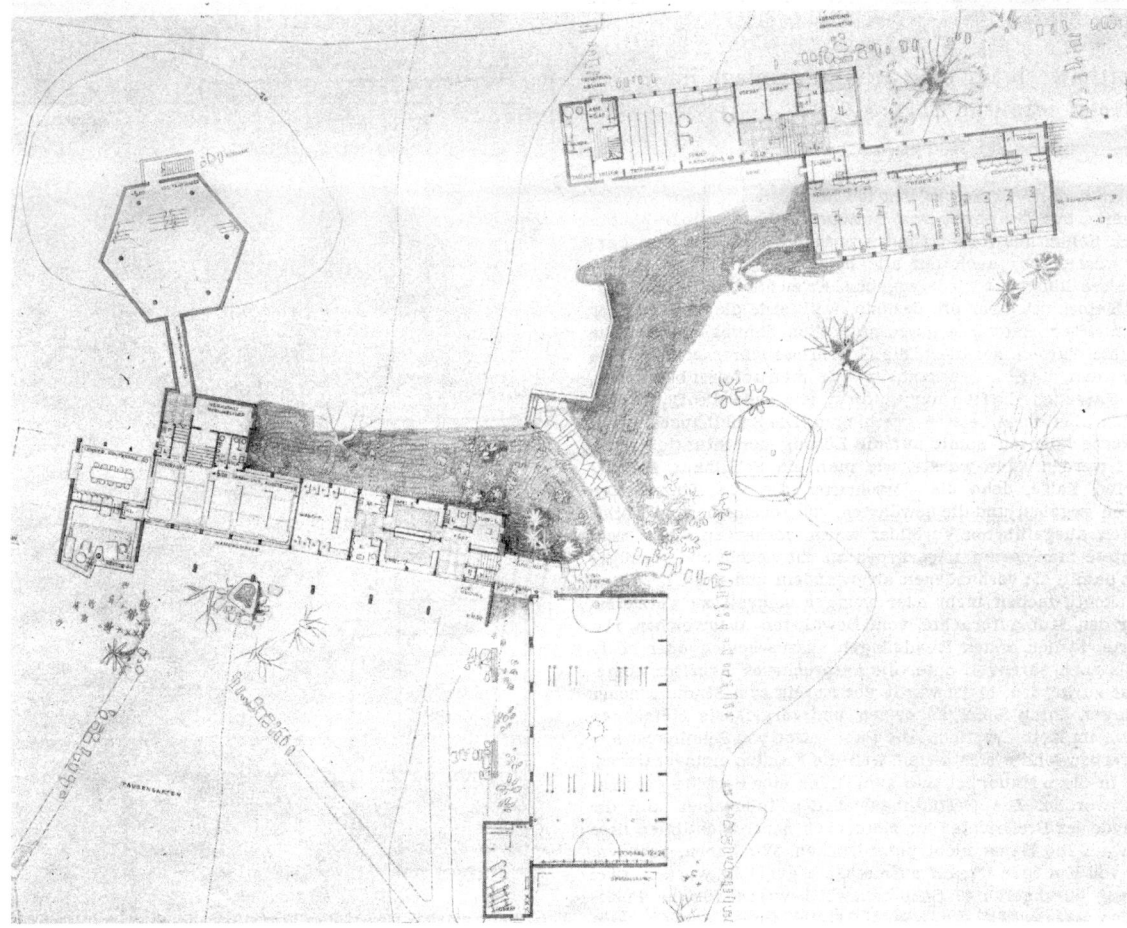

(39) …veranlassten die langen Wegeführungen und die zu befürchtenden Kosten die Architekten Adolf Ammann (1922–2014) und Jacob Padrutt (1908–1960), sich mit kritischen Briefen an die Redaktion der *Schweizerischen Bauzeitung* zu wenden.

Den geladenen Wettbewerb für das Projekt Schulhaus Matte Süd in Flüelen hatte Jauch 1949 für sich entschieden. Nach intensiven Anpassungen in Bezug auf Nutzung und Kosten sowie einer abgewiesenen Petition kritischer Einwohnerinnen und Einwohner konnten die Arbeiten 1952 beginnen. Auf dem stark abfallenden Areal ordnete Jauch die Bauten der Primar- und Sekundarschule in einer winkelförmigen, zum Tal hin geöffneten Anlage an. Der Unterrichtstrakt wurde in zwei gestaffelten Volumen quer zum Hang situiert und richtete die Schulzimmer optimal nach Südosten aus. Die Platzierung des Pausenhofs auf der gegenüberliegenden Nordseite des Trakts sollte eine akustische Beeinträchtigung des Unterrichts verhindern. Orthogonal abgedreht von diesen Hauptbauten wurde das Wohnheim mit acht Zimmern für die Lehrschwestern entlang der Hangkante platziert. Laut Jauch befand sich dieses bewusst «vom Schulbetrieb völlig getrennt [und] geniesst dank seiner Lage die schöne Aussicht auf See und Berge. Hier sollen die Lehrschwestern nach anstrengendem Tagewerk in stiller Häuslichkeit und Verbundenheit zum Garten neue Kraft sammeln könen [sic] für ihre aufopfernde Tätigkeit im Dienste der Gemeinde».[40] Die Herausforderung, welche die Ausrichtung der Schulräume zur Belichtung und die damit verbundene Querorientierung zum Hang mit sich brachte, löste Jauch mit einer versetzten Staffelung der Haupttrakte und deren inneren Erschliessung. Vom nördlichen Pausenplatz aus erreicht der gemeinsame Hauptzugang die erdgeschossigen Nutzungen des grossen Singsaals im Mittelteil sowie die Schulküche samt Speisesaal im hangabwärts versetzten Westteil. In den Dachgeschossen beider Trakte befinden sich die Klassenräume der Primarschule. Im dreigeschossigen Mittelteil schiebt sich ein zusätzliches Geschoss für die Sekundarstufe zwischen die Primarschulzimmer im Dach und den Singsaal. Dessen Erschliessungsgang führt sämtliche Trakte der Schulanlage zusammen und bildet auf dem obersten Niveau der Hanglage einen weiteren Vorplatz mit direktem Zugang aus. Obwohl das Schulhaus Matte Süd aufgrund des ökonomischen Drucks wesentlich zurückhaltender ausgestaltet wurde, ist auch sechs Jahre nach dem Luzerner Schulhaus Felsberg eine Kontinuität in den Motiven der architektonischen Gestaltung Jauchs feststellbar. Über die schwierige und aufwendige Einbettung der Bauten in das Gelände formte sich ein spezifischer Schulbau, der die Aufgaben der Topografie meisterte, ohne Nachteile bei der funktionalen Ausrichtung seiner Unterrichtsräume zuzulassen. Die Innovationen, welche dieser Bau in den bestehenden Schulbaudiskurs einbrachte, müssen parallel zu dem wenige Wochen zuvor eröffneten Schulhaus Matt in Hergiswil betrachtet werden.

(40) Trotz des steilen Hangverlaufs orientiert sich das Schulhaus Matte Süd in Flüelen konsequent nach Südosten...

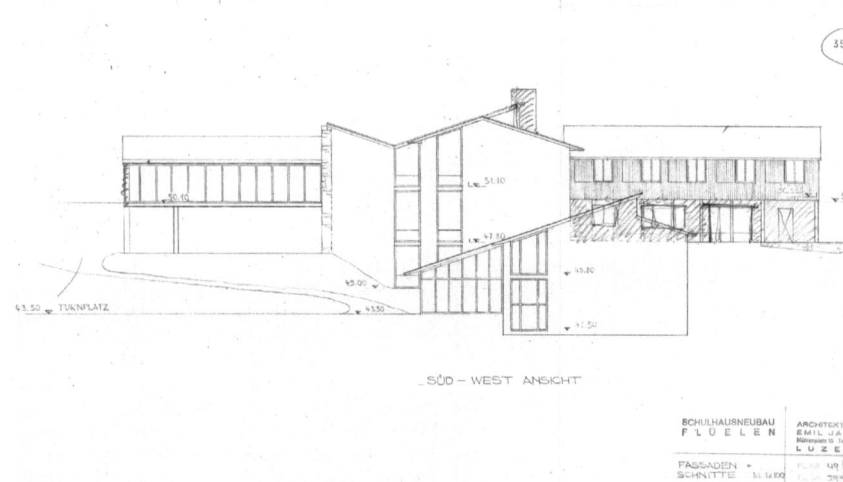

(41) ...und gewährleistet dadurch die optimale Belichtung sämtlicher Schulzimmer.

(42) Die Lage des grossen Pausenplatzes auf der Nordseite verhindert eine akustische Beeinträchtigung des Unterrichts sowie des…

(43) …Schwesternwohnheims südlich des Schultrakts. Orthogonal angeordnet, bot es acht Lehrschwestern einen erholsamen Ausblick auf See und Berge.

㊺ Der mittlere Gebäudetrakt erstreckt sich über drei Geschosse. Im ersten Obergeschoss schieben sich die schmaleren Unterrichtsräume der Sekundarstufe zwischen...

㊺ ...den grosszügigen Singsaal mit Bühne im Erdgeschoss...

46 …und die Primarschulzimmer im Dachgeschoss.

47 Die gekonnte Einbettung in die schwierige Topografie des Hangs formt das Schulhaus Matte Süd zu einer spezifischen architektonischen Anlage.

⁽⁴⁸⁾ Bei seiner Auslobung im Jahr 1952 umfasste der Wettbewerb in Hergiswil grossflächige Quartiersplanungen für eine Ortserweiterung mit Schulhaus, Turnhalle, Kindergarten und einer Kirche samt Pfarrgemeindehaus. Dieser Umfang erscheint als Grund für Jauchs wiederholte Zusammenarbeit mit Schaad für dieses Projekt. Schaad, der im Atelier von Le Corbusier (1887–1965) gearbeitet und in den 1930er Jahren mit dem Dulaschulhaus Albert Zeyers (1895–1972) die Bauleitung für eins der modernsten und wegweisendsten Schulhäuser Luzerns innegehabt hatte, ergänzte Jauch um seine umfangreiche Expertise. Nach der erfolgreichen Bearbeitung des Wettbewerbs wurde in einer ersten Etappe lediglich das Schulhaus für sechs Primarschulklassen samt Singsaal realisiert. Nach dem unfallbedingten Ausscheiden Jauchs ergänzte Schaad diese Anlage 1961 mit dem Turnhallenbau im Geiste des gemeinsamen Wettbewerbserfolgs. Trotz ihrer wiederkehrenden Zusammenarbeit und der früheren siegreichen Projekte für die Schulanlage in Sursee wie auch für das Zürcher Gebäude der Schweizerischen Bankgesellschaft blieb das Hergiswiler Schulhaus Matt das einzige realisierte Projekt dieser beiden Architekten und gleichzeitig eins der bedeutendsten Gebäude in Jauchs Schaffen. Als zweites ⁽⁴⁹⁾ Schulhaus nach der Luzerner Felsberg-Schule wurde es in Roths internationale Beispielsammlung *Das Neue Schulhaus* aufgenommen.[41] Es scheint Roth selbst gewesen zu sein, der in einer Besprechung für die Zeitschrift *werk* diesen Bau ausführlich lobte: «Das letztes Frühjahr fertiggewordene Schulhaus ‹Matt› in Hergiswil am See ist eine außerordentlich erfreuliche und in vielen Punkten hochinteressante Realisation. Es darf füglich als das schönste neuere Schulhaus in unserem Lande bezeichnet werden.»[42] Eingebettet in das be- ⁽⁵⁰⁾ stehende Terrain, überzeugt der riegelartige Bau nicht nur durch seine architektonische Ausgestaltung, sondern auch in organisatorischer und funktionaler Hinsicht. Analog zum Schulhaus in Flüelen sind die konsequent nach Südosten orientierten Schulzimmer und der nördlich angelegte Pausenplatz akustisch voneinander getrennt. Vom oberen Platzniveau aus können je ⁽⁵¹⁾ zwei der sechs Schulzimmer über die intimeren Zwischenpodeste ihrer Treppenhäuser erschlossen werden. Auf dem unteren Niveau verbindet ein Gang diese Aufgänge untereinander und erschliesst die erdgeschossigen Nutzräume der Lehrerschaft. Das markante und ⁽⁵²⁾ weit auskragende Dach des Pausenplatzes ersetzt die innere Pausenhalle und macht das Volumen des Schulbaus kompakt und effizient. Südlich des Schultrakts ⁽⁵³⁾ schliesst sich der halb verglaste sechseckige Singsaal mit Altarbild an. Der Verbindungsbau zwischen Saal ⁽⁵⁴⁾ und Schule stellt, im Gegensatz zu den Zugängen der Schulzimmer vom Pausenplatz, die öffentliche Adresse der Anlage dar. Überwacht vom Erker der ehemaligen ⁽⁵⁵⁾ Hauswartwohnung, gewährleistet er den öffentlichen Zugang zu Schule und Saal, welcher nach wie vor für Anlässe von der örtlichen Gemeinde genutzt wird. Die architektonische Ausgestaltung dieses innovativen Mischbaus aus betoniertem Erdgeschoss und schindelgedeckter Holzkonstruktion im Obergeschoss wurde von den Architekten sorgsam geplant und knüpft an die früheren Projekte Jauchs an. Die feinfühlige Detaillierung des Ausbaus wurde durch die Verwendung von Holz und Natursteinböden, aber auch durch die natursteinverkleideten Giebelseiten ergänzt. Die hellen Schulzimmer wirken aufgrund der weiss gestrichenen Decken mit Lichtbändern, Parkettböden, beigen Tonplatten und bunten Vorhängen an den Fenstern wie heimelige Schulstuben. Gleichwohl hielten diese Räume den schweizweit höchsten Standard der damaligen schulbautechnischen Entwicklung für den Unterricht bereit.

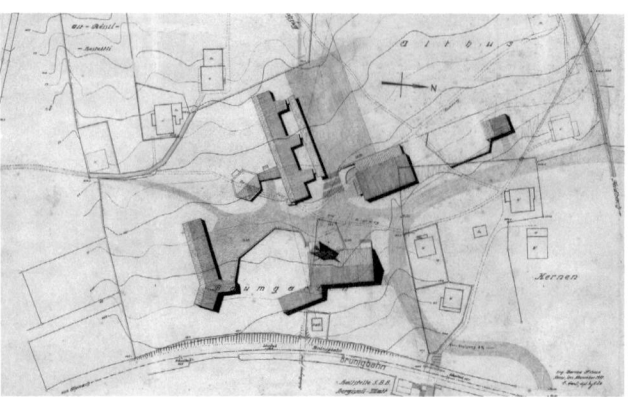

⁽⁴⁸⁾ Ursprünglich umfasste das Wettbewerbsprogramm eine übergreifende Quartiersentwicklung für die Gemeinde Hergiswil. Das daraus realisierte Schulhaus Matt...

DIE SCHULBAUTEN

(9) ...wurde in Alfred Roths internationale Beispielsammlung *Das Neue Schulhaus* aufgenommen und von ihm als eins der schönsten neuen Schulhäuser in der Schweiz bezeichnet.

(50) Unter Ausnutzung des bestehenden Terrains organisiert sich das Schulhaus Matt auf zwei Ebenen. Vom höher gelegenen Pausenplatz aus werden...

51 …je zwei Schulzimmer über einen direkten Zugang samt Treppenhaus erschlossen. Im darunterliegenden Geschoss reihen sich Lehrerzimmer und Sonderräume entlang eines inneren Verbindungsgangs.

㊾ Das imposante Dach des nördlichen Pausenplatzes ersetzt eine innere Halle und bildet ein ebenso expressives Element der Schulanlage wie der…

㊿ …sechseckige Singsaal mit Blick auf die nahen Alpen südlich des Klassentrakts.

㊴ Zwischen Singsaal und Klassentrakt befindet sich der Hauptzugang zur Anlage. Dieser kann...

㊶ ...von dem ausgestellten Erker der Hauswartwohnung aus optimal eingesehen werden.

TYPOLOGISCHE NEUERUNGEN

Die typologische Entwicklung, in die sich Jauchs Schulbauten einbetteten, erfuhr ihre wesentlichen Impulse in der ersten Hälfte des 20. Jahrhunderts. Die Durchsetzung hygienischer Standards und die funktionale Anpassung der Bauten an eine zeitgemässe Pädagogik veränderten den Schulhausbau nachhaltig. Anders als die auf Repräsentation ausgerichteten «Schulbaupaläste» des Historismus, welche keinen eigenen Ausdruck entwickelten, nahm das Neue Bauen die hygienischen und funktionalen Neuerungen als Ausgangspunkt einer signifikanten Gestaltung dieser Typologie. Für den schweizerischen Kontext war es die 1932 im Kunstgewerbemuseum Zürich präsentierte Ausstellung *Das Kind und sein Schulhaus*, die den Diskurs initiierte. Im Begleitbuch zur Ausstellung, das erstmals die Absichten einer modernen Schulbaugestaltung aus unterschiedlichen Perspektiven darlegte, kam neben dem kuratierenden Architekten Werner M. Moser (1896–1970) mit Wilhelm von Gonzenbach (1880–1955) auch ein renommierter Hygieniker zu Wort. Dieser nutzte die Gelegenheit, um zu betonen, dass am «Kind und seinem naturgesetzlichen Sein [...] die Schule äußerlich und innerlich orientiert werden [soll]».[43] Die übereinstimmende Forderung nach hygienischen Bedingungen in hellen Räumen mit genügend Frischluft und direktem Bezug zum Grünraum führte zur Befürwortung der Pavillonschule als nachhaltigste Lösung. Diese Tendenz eröffnete eine Debatte über die Erscheinungsform zeitgemässer Schulhäuser, welche die Typologie weitreichend verändern sollte. Es war vor allem Roth, der durch die unermüdliche Dokumentation des schweizerischen Schulbaus den Diskurs nährte und inhaltlich ausrichtete. Den Lehren des Schweizer Pädagogen und Sozialreformers Pestalozzi folgend, bekräftige er stets, dass die «Erziehungsarbeit in der Schule [...] die Fortsetzung und Ergänzung der elterlichen Erziehung im Hause [sei]. Im Schulzimmer und in der Schule soll das Kind die ihm vertraute häusliche Atmosphäre befreiender Geborgenheit möglichst ungeschmälert wiederfinden. Die ganze, von Natur und Mensch geschaffene Umgebung von Wohnung und Schule ist am Erziehungswerk mitbeteiligt».[44] Neben den gezeigten Schulbauten waren es vor allem die von Roth in seiner Beispielsammlung *Das neue Schulhaus* zusammengetragenen Gestaltungsregeln, welche den nötigen Abgleich zwischen einer funktionalen Ausrichtung des Schulbaus und den zeitgemässen Anforderungen des pädagogischen Schulbetriebs lieferten.[45] Das daraus resultierende Bestreben, das Kind in der Fülle seines Intellekts und seiner Psyche zu erfassen, rückte es zugleich ins Zentrum der architektonischen Gestaltung. Roth forderte ein funktionalistisches Verständnis, welches – nicht zuletzt aufgrund der Schulen Jauchs – den humanisierenden Einfluss des New Empiricism widerspiegelte und nun, durch Roth, zur gestalterischen Maxime zeitgemässer Schulhäuser erhoben wurde.[46] Die kindgerechte Gestaltung, aber auch die organisch gewachsene Raumgliederung spezifischer Schulnutzungen verbanden sich bei Roth zu einem «pädagogischen Funktionalismus».[47] Dieser strebte nicht nur nach reiner Zweckerfüllung, sondern schloss bewusst die architektonische Ausgestaltung – und mit ihr den Begriff «Schönheit» – in seinen Begriffskanon ein. Nur diese Dualität konnte die Erfüllung aller funktionalen wie emotionalen Bedürfnisse der Nutzer und Nutzerinnen gewährleisten.[48]

Die Schulbauten Jauchs und deren Beitrag zur typologischen Entwicklung des Schweizer Schulhausbaus erscheinen in diesem Zusammenhang durchaus relevant. Jauch gelang es, seine frühe Berührung mit der Architektur Schwedens und die schultypologischen Erfahrungen bei Rohn und Baur zu wegweisenden Impulsen zusammenzuführen. Die humanisierende Tendenz des schwedischen Funktionalismus brachte er in den schweizerischen Schulbaudiskurs der Nachkriegsjahre ein. Nicht minder wichtig ist der Stand pädagogischer Erkenntnisse und technischer Ausstattung, nach dem er seine Entwürfe umsetzte. Früh brachte Jauch Innovationen ein, welche erst in der Folge und durch das Wirken Roths zum allgemeinen Standard im Schulhausbau reiften.

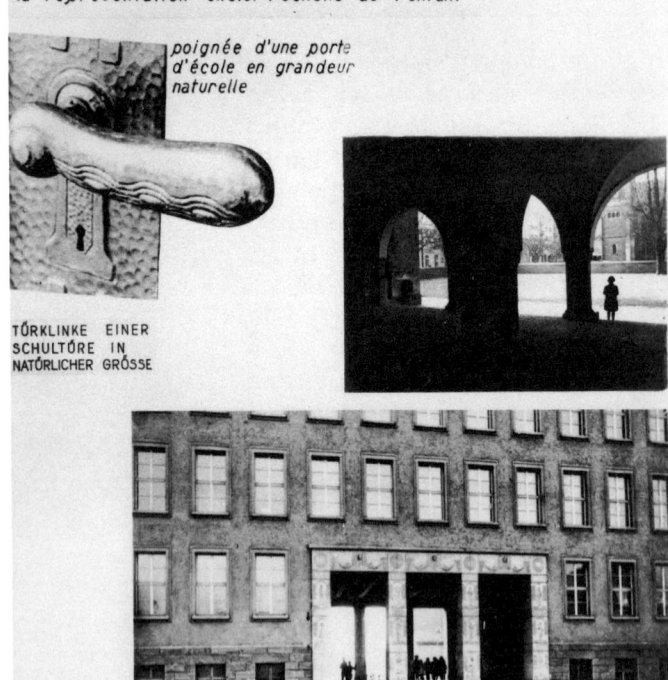

(56) Anhand von anschaulichen Gegenüberstellungen wollte die Ausstellung *Das Kind und sein Schulhaus* auch die hygienischen Errungenschaften des Neuen Bauens als Standard für den Schulhausbau etablieren.

Im Sinne der Debatte, die infolge der Zürcher Ausstellung von 1932 entstanden war, aber vor allem, weil seine Projekte mehrheitlich in städtischen Randlagen oder dörflichen Strukturen umgesetzt wurden, konnte Jauch bei allen seinen Schulbauten der Forderung nach einer weitläufigen landschaftlichen Umgebungsgestaltung entsprechen. Dieser Möglichkeit, das betonte Roth in seinen Publikationen, lag jeweils eine vorausschauende und gründliche Vorbereitung der zuständigen planerischen Instanzen der Gemeinden zugrunde. Durch sie wurden die hygienischen und funktionalen Erkenntnisse des beginnenden 20. Jahrhunderts in die Quartier- und Schulplanungen aufgenommen und so eine fruchtbare Ausgangslage für die erfolgreiche Realisierung neuer Schulbauten geschaffen.[49] Innerhalb der so gesteckten Rahmenbedingungen platzierte Jauch seine Schulbauten nie aus einem kompositorischen Selbstzweck, wie es Moser im Zuge der Ausstellung kritisch angemerkt hatte, sondern er belegte seine Entscheidungen stets mit funktionalen wie auch ortsbaulichen Notwendigkeiten.[50] Neben einer sicheren Zuwegung für die Schulkinder und einer lärmschützenden Setzung der Gebäudetrakte zueinander weisen die Bauten Jauchs eine konsequente Ausrichtung der Schulzimmer nach Südosten auf, um eine optimale Belichtung zur unterrichtsrelevanten Tageszeit zu gewährleisten. Einzig beim Luzerner Schulhaus Felsberg wich er zugunsten einer sensibleren Lösung von dieser funktionalen Positionierung ab. Deren Mehrwert wurde jedoch von der Wettbewerbsjury erkannt und entsprechend honoriert. Die Setzung und die Gliederung der Baukörper schufen überschaubare Einheiten, welche sowohl die rein funktionalen Anforderungen einer geringen Infektionsgefährdung und Lärmentwicklung erfüllten als auch die Orientierung in der Gesamtanlage vereinfachten. Die Einpassung der Bauten in die teils schwierigen topografischen Bedingungen der Bauplätze sicherte einerseits die rein pragmatische und kostenrelevante Einsparung aufwendiger Erdbewegungen, eröffnete aber ebenso Optionen für eine geschickte Raumorganisation, welche Jauch mit sicherer Hand aufspürte und zu einem funktionalen Vorteil umzusetzen wusste. So formen die einzelnen Pavillons der Felsberg-Schule überschaubare Trakte von je vier Schulzimmern, die durch ihre gestaffelte Setzung im Geländeverlauf und die separaten Zugänge eine klare Orientierung für die Schulkinder bieten und die Dimension der Gesamtanlage brechen. Beim Hergiswiler Schulhaus Matt gelang es dagegen, durch die Ausnutzung des gegebenen Geländes das nördliche Pausenplatzniveau mit den intimen Zugängen zu den Schulzimmereinheiten vom gemeinschaftlichen Eingang im Erdgeschoss zu separieren, um so nutzungsspezifische Zugänge für die Klassen und die öffentliche Adresse samt Kirchennutzung des Saals zu schaffen.

(57) In allen Schulbauten Jauchs sind die Schulzimmer für eine optimale Belichtung ausgerichtet. Einzig beim Schulhaus Felsberg wich er zugunsten der bestehenden Parkanlage von dieser Prämisse ab.

(58) Der Organisation zeitgemässer Schulbauten ging eine Analyse neuer Raumanforderungen voraus. Bereits im Schulhaus Felsberg wurden eine Hobelwerkstatt und eine Schulküche umgesetzt.

⑤⁸ Wie die Einbettung in die vorhandenen Geländesituationen setzte auch die innere Organisation der Schulnutzungen samt ihren neuen Raumanforderungen mit Singsaal, Turnhalle, Schulküche, Hauswartwohnung und Sondernutzräumen eine gründliche Analyse der Bauaufgabe voraus. Die daraus gewonnenen Rückschlüsse bildeten wertvolle Erkenntnisse in der gestalterischen Entwicklung unterschiedlicher Schulbautypen. Für die Schulanlage Langendorf, die in ihrem Raumprogramm eine Mischung aus Primarschulklassen, Räumlichkeiten für Physik und Naturkunde sowie Räume für den technischen und haushälterischen Unterricht bereithielt, erfolgte vor der architektonischen Umsetzung eine differenzierte funktionale Untersuchung dieser Bereiche. Da «für solche Räume bis heute keine allgemein verbindlichen Normen existieren und dementsprechend der innere Ausbau solcher Räume meistens unvollständig, mangelhaft oder gar unzweckmäßig ist, haben sich die planenden Architekten der Mühe eines eingehenden Studiums der Bedürfnisse und der zweckmäßigen diesbezüglichen Einrichtung unterzogen» und so einen wertvollen Beitrag für die Ausgestaltung fachspezifischer Schulräume geleistet.[51] Neben dieser Untersuchung in Langendorf und der typologischen Bedürfnisanalyse der Sondernutzungen im Felsberg-Schulhaus war es auch das Schulhaus in Flüelen, welches durch seine spezifischen Räume Erkenntnisse für die Gestaltung von Primar- und Sekundarschulen lieferte. Auf einen inhaltsvermittelnden Frontalunterricht ausgerichtet, können Sekundarschulzimmer im Vergleich zu Primarschulzimmern in ihren Raumproportionen schlanker ausgebildet werden. Diese Differenzierung nutzte Jauch beim Schulhaus Matte Süd, um zwischen dem erdgeschossigen Saal und den gebäudetiefen Primarschulzimmern im Dachgeschoss die Sekundarschulräume so einzupassen, dass der sie erschliessende Gang die angrenzenden Schultrakte verbindet und so die Gesamtanlage trotz ihrer topografischen Staffelung im Inneren zusammenhält. Die Idee einer überschaubaren und doch leistungsfähigen räumlichen Organisation in enger Verbindung mit der Topografie und der effizienten Wegführung durch die Gesamtanlage stellt ein verbindendes Element aller Schulhäuser Jauchs dar. Im Luzerner Schulhaus Felsberg konnte aufgrund der erdgeschossigen Anordnung der Sondernutzräume und durch die gedeckten Pausenhöfe auf lange Flure in dieser Ebene verzichtet werden. Zweiläufige Treppen in den Gelenkstellen zwischen den einzelnen Bautrakten verbinden die Geschosse der Einheiten, aber auch die Pavillons untereinander. Lediglich drei kurze Treppen erschliessen die gesamte Schulanlage in ihrer Länge und topografischen Staffelung.

Obwohl das Hergiswiler Schulhaus Matt mit sechs Schulzimmern wesentlich kleiner als das Luzerner Felsberg-Schulhaus dimensioniert ist, weist es ebenfalls drei Treppenanlagen auf. Die direkte Erschliessung zweier Klassenräume, um den verbindenden Flur im oberen Geschoss zu vermeiden, ermöglicht den Schulzimmern eine maximale Tiefe für eine zweiseitige Belichtung. Als «Schustersystem» geht dieses Prinzip auf den Wiener Architekten Franz Schuster (1892–1972) zurück. Bereits im Jahr 1929 hatte dieser für den Bau einer Volksschule in Niederursel bei Frankfurt am Main ein solches zweispänniges System erstmals vorgeschlagen.[52] Obschon Roth dieses Prinzip seit der Erstauflage in seiner Publikation propagierte,[53] galt die bauliche Umsetzung in Hergiswil, wo Jauch und Schaad sie mit der geschickten topografischen Einbettung und dem direkten Zugang der Einheiten vom oberen Pausenplatz aus verbanden, als wegweisende Lösung im schweizerischen Schulhausbau. Darüber hinaus lieferte das «Schusterprinzip» hier eine gelungene Beweisführung für die positive Wirkung auf eine optimale Belichtung der Unterrichtsräume, welche Jauch stets ein Hauptanliegen bei seiner intensiven schulbautypologischen Untersuchung waren.

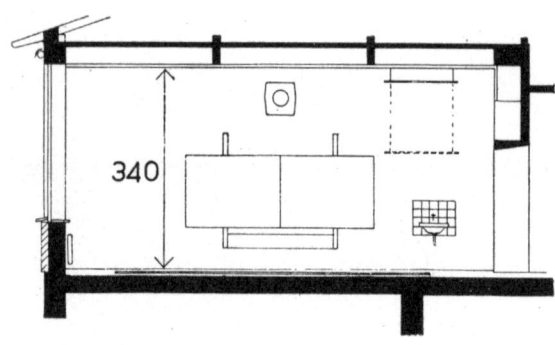

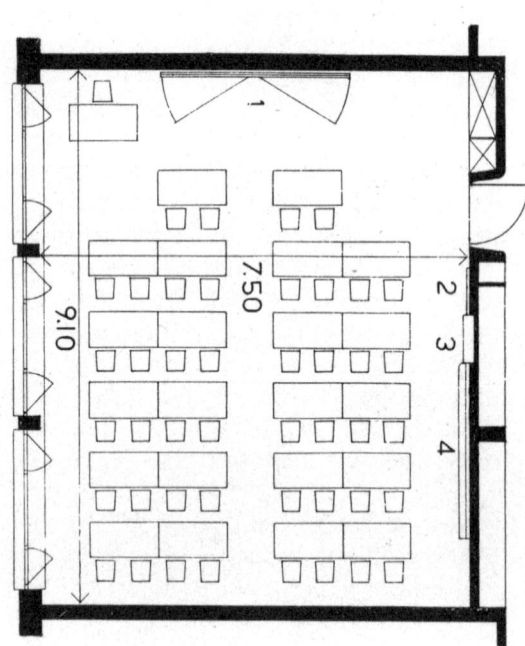

(60) Dem pädagogischen Bedürfnis nach tieferen Raumproportionen entsprach Jauch bereits im Felsberg-Schulhaus. Die dortigen Schulzimmer weisen eine Raumtiefe von 7,5 Metern auf. Als Lösung für das resultierende Belichtungsproblem…

(59) Trotz aller Spezifizierung im Schulraumprogramm stellte das Klassenzimmer für Jauch stets die Zelle eines jeden Schulbaus dar.

Ungeachtet der wachsenden räumlichen Anforderungen und einer zunehmenden Spezifizierung der Sondernutzräume unterstrich Jauch stets die essenzielle Bedeutung der Klassenräume. Mit den Primarschulzimmern in Flüelen und Hergiswil hatte er selbst eine bedeutende Innovation in die Schweizer Schulbauentwicklung eingebracht. Zur Eröffnung des Schulhauses Flüelen schrieb er: «Die Schulstube ist die Zelle eines Schulhauses. Deren Zugänglichkeit und der Art der Formung, Belichtung und Ausstattung kommt wesentliche Bedeutung zu.»[54] Seine Formulierung erscheint wie eine Übernahme aus Roths Grundlagenwerk. Auch für diesen waren «die Klassenzimmer nach wie vor als die vitalen Zellen des Gesamtorganismus einer Schule zu betrachten. Die Gestaltung des Klassenzimmers hat darauf Rücksicht zu nehmen, daß einerseits die den pädagogischen Forderungen entsprechenden freien und geregelten Tätigkeiten ungehindert stattfinden können und andererseits eine möglichst gesunde, intime und anregende Atmosphäre geschaffen wird.»[55] Jauch konkretisierte diese pädagogischen Anforderungen, indem er festhielt, «neuere Erkenntnisse der Pädagogik, die eine freie Gruppierung der Schüler anstreben, liessen eine quadratische Raumform als wünschenswert erscheinen».[56] Tatsächlich war die Anpassung der Sitzbänke und Pulte für eine freiere Möblierung der pädagogische Ausgangspunkt einer weitreichenden typologischen Evolution, welche die Erscheinungsform des Schulzimmers nachhaltig verändern sollte. War das Standardschulzimmer der 1930er Jahre mit 6,5 mal 10 Metern noch länglich bemessen und bot bei einer maximalen Auslastung von 50 Schülerinnen und Schülern jedem Kind 1,3 Quadratmeter Platz, so führte der Wunsch nach einer freieren Möblierung zu tieferen Raumproportionen. Bereits in der Schulanlage Felsberg näherte sich Jauch mit einer Raumtiefe von 7,5 Metern bei 9,5 Metern Breite dem Ideal des quadratischen Schulzimmers an, welches er bei seinen letzten Schulhäusern in Flüelen und Hergiswil vollends erreichen sollte. Parallel für beide Bauten entwickelt, stellten diese Schulzimmer aus dem Jahr 1954 das Ende einer intensiven Auseinandersetzung dar, die sämtliche Schulbauprojekte des Architekten einbezog. So ist das Schulzimmer in Hergiswil mit einer Dimension von 8,5 mal 8,5 Metern exakt quadratisch, bot für eine damals angepasste Maximalauslastung von 36 Kindern eine Fläche von 2 Quadratmetern pro Kind und ermöglichte damit eine Möblierung in maximaler Flexibilität. Aufgrund der grösseren Tiefe der Räume und der unterschiedlichen Szenarien der Möblierungen erhöhte sich der bauliche Aufwand, um eine blendfreie und gleichmässige Belichtung bis in den innersten Bereich der Schulzimmer zu gewährleisten. Für das Schulhaus Felsberg setzte Jauch Brüstungshöhen auf Tischniveau und sturzlose Fensterflächen für eine optimierte Belichtung der tieferen Schulzimmer ein. Im Wettbewerbsprojekt von 1944 hingegen waren die Obergeschosse bereits mit einem versetzten, leicht geneigten Pultdach geplant, welches eine zweiseitige Belichtung der Schulräume über ein nördliches Fensterband ermöglichte. Hätte es diese Idee trotz Materialknappheit und Teuerungsrate der Nachkriegsjahre zur Ausführung geschafft, wäre sie schweizweit einzigartig gewesen. Schon 1948 – zwei Jahre vor der Erstauflage von Roths Buch – hätte Jauch einen neuen Standard für die Schulzimmerbelichtung in den Diskurs

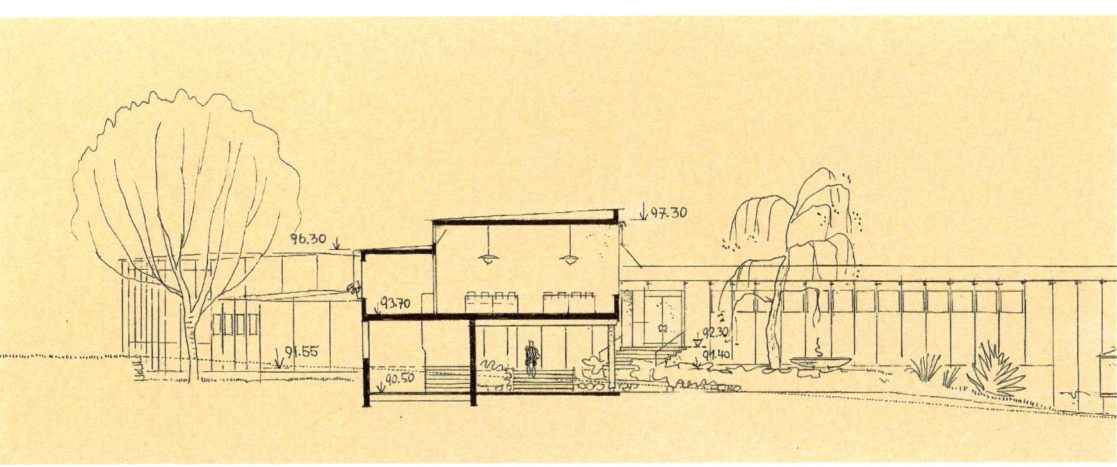

61 …schlug er in den Wettbewerbsplänen einen Höhenversatz zwischen Gang und Schulzimmer vor, welcher die zweiseitige Belichtung der Klassen ermöglicht hätte.

einbringen können. So dauerte es bis 1954, als Roth über das Schulhaus Matt in Hergiswil schreiben konnte: «Sein Kern und sein wegweisender Beitrag an die Entwicklung des heutigen Schulbaus ist in der Klasseneinheit zu finden. Der quadratische Raum [...] weist nämlich eine in der Schweiz bis dahin nirgends mit dieser Konsequenz durchgeführte neuartige belichtungstechnische Durchbildung auf.»[57] Jauch und Schaad, die das Belichtungsproblem an massstäblichen Versuchsmodellen vor Ort und zu verschiedenen Tageszeiten analysiert hatten, gelang es durch die südliche Sekundärbelichtung über ein raumbreites Oberlichtband sowie über die geneigte Form der Decken, Licht bis in die Tiefe des quadratischen Raums zu führen. Diese Lichtführung erzeugte eine «vorzügliche gleichmäßige Helligkeit» in den Schulzimmern.[58] Im Gegensatz zum Schulhaus in Flüelen, welches mit dem gleichen Schulraumtyp ausgestattet ist, konnte in Hergiswil durch die Erschliessung im «Schustersystem» auch die nördliche Schulzimmerwand für ein zusätzliches Fenster freigespielt werden. Dieses trägt zur optimierten Belichtung der Klassen bei und ermöglicht neben einer konstanten zugfreien Belüftung über die Öffnungsklappen des Lichtbands eine hygienische Querlüftung in den Unterrichtspausen. Während eine eingebaute Deckenheizung ausreichend Wärme im Raum verteilt, erlaubt der Verzicht auf Radiatoren in den Brüstungsbereichen den Einbau zusätzlicher Schränke und attraktiver Arbeitsflächen unterhalb der südlichen Schiebefenster. Dank der intensiven und projektübergreifenden Bemühungen Jauchs um das Primarschulzimmer ist es ihm gelungen, «der heranwachsenden Jugend gesunde, schöne und ihr gemäße Stätten des Lernens zu schaffen», die sowohl den pädagogischen und funktionellen Anforderungen genügten als auch dem Idealbild der Schulstube Pestalozzis entsprachen.[59] Darüber hinaus wurde der Architekt nicht müde festzuhalten, dass diese innovative Gestaltung aufgrund der quadratischen Grundform der Schulzimmer zehn Prozent weniger Fensterfläche generiere und dass die Lage des Oberlichtbands – als Fachwerkträger ausgebildet – die Überspannung der Raumtiefe mit kurzen Sparrenlängen wesentlich begünstige und so diese funktionalen wie gestalterischen Verbesserungen der Schulräume durchaus kostensparend umsetzbar seien.[60]

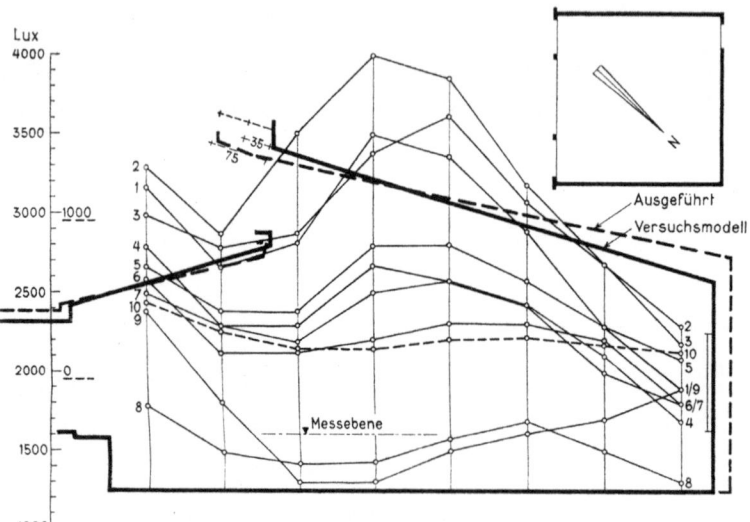

(62) Ende Oktober 1952 testeten Jauch und Schaad die Qualität der Sekundärbelichtung auf dem Bauplatz in Hergiswil. Wurden die ersten neun Messungen anhand eines Modells im Massstab 1:10 durchgeführt, erfolgte die zehnte Messung Anfang November 1954 im fertiggestellten Schulzimmer.

DIE SCHULBAUTEN

(63) In Kombination mit den geneigten Deckenflächen sorgte das Oberlichtband für eine gleichmässige Helligkeit über die gesamte Tiefe des quadratischen Schulzimmers. Aufgrund der speziellen Erschliessung im Schulhaus Matt konnte dieses gar durch ein…

(64) …zusätzliches Blumenfenster zum nördlichen Pausenplatz hin ergänzt werden.

EINFÜHLSAME GESTALTUNG

Seine Schulbauten richtete Jauch klar an den Anforderungen des Unterrichtsbetriebs aus und entwickelte sie nach dessen funktionalen wie technischen Vorgaben. Die besondere Wirkung, welche seine Bauten eint, wird jedoch abseits der technisch-funktionalen Innovationen greifbar. Jauchs architektonische Gestaltung entsprang einem Gespür für die Bedürfnisse des Kindes über die schulbetrieblichen Notwendigkeiten hinaus. Seine Empathie für die Vielschichtigkeit der gestellten Aufgabe generierte die projektübergreifende und wiedererkennbare Eigenständigkeit seiner Bauten. Diese zeugen von einem Feingefühl, welches der sich wandelnden Auffassung vom Funktionalismus zugrunde lag, den Roth einmal mehr in seinen «Zeitgemäßen Architekturbetrachtungen» als «dem Menschen zum praktischen Nutzen und zur ästhetischen Freude» zu benennen wusste.[61] Erst die Verbindung aus «Verstand, Gefühl [und] Geist» verleiht der Architektur laut Roth «Klarheit, Wärme [und] Glanz».[62] Doch auch Jauchs eigene textliche Hinterlassenschaften geben Aufschluss über die Intention seiner empathischen Gestaltung, denn «wenn der Geist unserer Schule lebendig bleibt, so werden auch die Bauten, die aus dieser Gesinnung heraus entstehen, zweckmäßig, schön und menschlich sein».[63]

Sein Ziel, das Zweckmässige mit dem Schönen und dem Menschlichen zu vereinen, erwuchs aus dem Willen zur Humanisierung des Neuen Bauens, den Jauch in seiner Stockholmer Zeit verinnerlicht hatte. Mit dem notwendigen Feingefühl für den Ort, die zu erfüllenden Funktionen sowie die zukünftigen Nutzer und Nutzerinnen bildete die Vermenschlichung des New Empiricism nicht nur die Grundlage für Jauchs Arbeitsweise, sondern sie brachte auch den Begriff der «Empathie» in die Definition eines erweiterten Funktionalismus ein. In ihrer Berichterstattung über die schwedischen Bauten der Zwischen- und Nachkriegsjahre arbeitete die *Architectural Review* die wesentlichen Merkmale dieses empathischen Entwurfsansatzes heraus. Der britische Journalist und Architekturfotograf Eric de Maré (1910–2002) stellte in seiner Analyse des New Empiricism 1948 fest: «Gebäude sind sorgfältig mit dem Ort und der Landschaft vermählt, Blumen und Pflanzen werden zum integralen Bestandteil des gesamten Entwurfs.»[64] Der Naturbezug und die Bindung der Bauten an den vorgefundenen Ort galten de Maré als signifikante Merkmale des empathischen Entwurfs. Im selben Jahr, als de Maré seine Erkenntnisse publizierte, stellte Jauch mit dem Schulhaus Felsberg einen Bau fertig, der seinen Bezug zur Empathie in der skandinavischen Moderne eindrücklich belegte. Bereits mit seinem Erstling bewies Jauch seine Fähigkeit, die vorgefundene Situation sorgsam zu lesen und durch feinfühlige Interventionen derart zu ergänzen, dass ein neuer Ort entstand, der dennoch die Besonderheiten und Vorteile des Bestands weiterträgt. Christoph Wieser beschrieb diese Einbettung in die Situation als einen bewussten Prozess: Er geschehe «nicht in einem unterwürfigen Sinn, sondern im Bemühen, die örtlichen Gegebenheiten zur volumetrischen Gliederung der Baukörper oder zur Steigerung des Ausdrucks auszunützen».[65] Alle Schulbauten Jauchs erfahren durch eben solche individualisierten Lösungen ihre nicht reproduzierbare Einzigartigkeit. Bis heute macht diese den wesentlichen Teil der identitätsstiftenden Wirkung und Funktion seiner Schulhäuser aus. Das leichte Ausdrehen der Pavillons in der Schulanlage Felsberg und ihre harmonische Staffelung in den Hangverlauf zeugen vom Verständnis des Architekten für den Ort und die Einbettung seiner Bauten als Ergänzung der vorgefundenen Situation. Die neuen Elemente des expressiven Singsaals und der Landmarke des Kamins verleihen der Felsberg-Schule eine selbstbewusste Präsenz, welche den Ort jedoch nicht zu dominieren versucht. Diese Intention des Entwurfs ist in allen Schulbauten Jauchs erlebbar. Ausgehend von dem Studium der bestehenden Topografie versuchte er, die Gegebenheiten zu einem integralen Bestandteil seiner Entwürfe zu machen. Nicht selten kehrte er vermeintliche Nachteile in ihr Gegenteil um. Neben der Setzung des Schulhauses Felsberg zeugt auch die Organisation auf verschiedenen Ebenen beim Schulhaus Matt in Hergiswil von dem einfühlsamen Umgang mit der bestehenden Topografie. Auf dem Bauplatz in Langendorf mit dem bestehenden Schulbau von 1886 vervollständigte Jauch die Situation ebenfalls durch die präzise Formation aller Volumen zu einem stimmigen Gefüge. Die Setzung des Schultrakts und der leicht ausgedrehten Turnhalle formt einen sich nach Süden aufweitenden Platz, der die Bewegung der Schülerinnen und Schüler in das Zentrum der Anlage lenkt. Das leichte Gefälle der bestehenden Topografie löste er über Terrassierungen von Grünflächen und Pausenplätzen, welche den Blick auf die Berge des nahen Jurazugs freigeben.

DIE SCHULBAUTEN

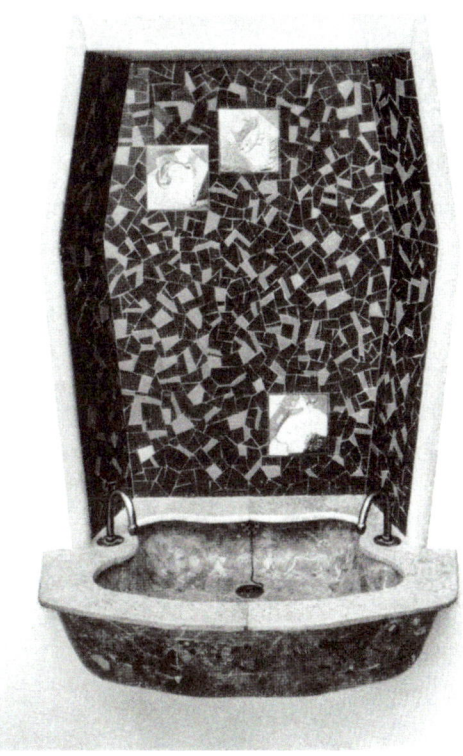

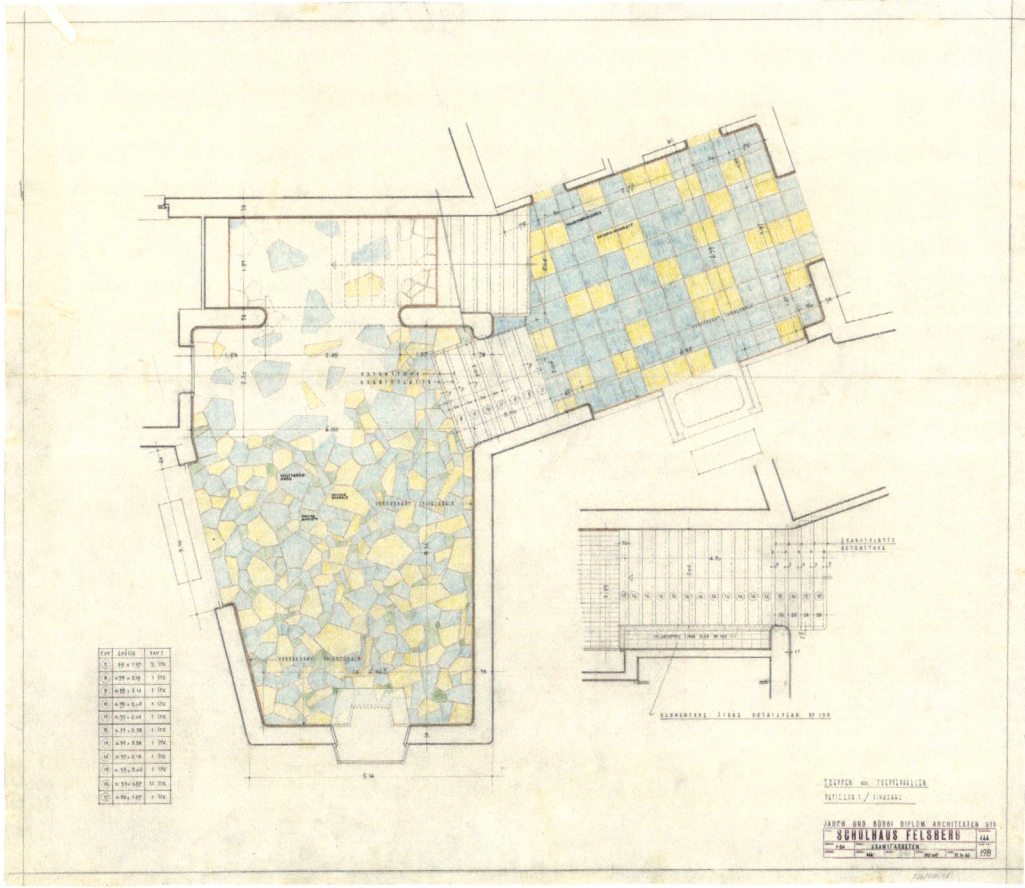

(65) In seiner architektonischen Gestaltung versuchte Emil Jauch stets, das Zweckmässige mit dem Schönen und Menschlichen zu vereinen. Die bewusste Koppelung der funktionalen Anforderungen an eine künstlerische Gestaltung…

(66) …verlieh seinen Bauten eine Fülle an Details, die deren Wirkung komplettierte.

Die feinfühlige Integration seiner Bauten in die bestehende Situation führte nicht nur zu einem individuellen Erscheinungsbild der Anlagen, sondern auch zum engen Bezug zwischen den Schulhäusern und dem umgebenden Naturraum. Neben rein hygienischen Vorteilen stellte dieser zugleich einen pädagogischen Mehrwert dar, den Roth als grundlegende Bedingung des Schulbetriebs sowie als integralen Bestandteil der Kindererziehung ansah.[66] Die Gestaltung des Aussenraums der Schulanlagen Jauchs zeugt von bewussten Überlegungen im Sinne der kindlichen Nutzung. Eine ausgewogene Bepflanzung auf weiten Grünflächen bot im Wechsel mit natürlichen Materialien Raum für Freiluftunterricht, pädagogische Naturbeobachtungen und die von Roth geforderte «Funktion der Umgebung als Garten oder Park [...]. Die erste und wichtigste dieser Funktionen, die physiologisch-regenerative, entspricht der heute als selbstverständlich erkannten Notwendigkeit, dem Kind während der Schulzeit den Aufenthalt in der freien Natur so oft und so lang als nur möglich zu gestatten».[67]

In der sorgsamen Einbettung der Schulbauten in die gestaltete Umgebung und deren Nutzung im Sinne eines kindgerechten Schulbetriebs veranschaulicht sich der Einfluss der schwedischen Moderne im Werk Jauchs. Der erweiterte Funktionalismus und die humanisierenden Tendenzen des New Empiricism deckten sich mit den Anforderungen, die Roth für den schweizerischen Schulbau formulierte. Sie liessen den einfühlsamen Entwurfsansatz dieses Architekten als explizit geeignet für die Gestaltung moderner Schulanlagen erscheinen. Jauchs Ansatz beschränkte sich keineswegs auf die Einpassung neuer Baukörper in die bestehende Situation, sondern wurde in Form einer kindgerechten Ausgestaltung der Bauten fortgeführt. In seinen Schulhäusern bis heute spürbar, lag dieser künstlerischen Gestaltung ein hohes Mass an empathischer Analyse der Aufgabe und der künftigen Nutzerinnen und Nutzer zugrunde. Auch darin stimmte Jauch mit Roth überein, der betonte, dass «[t]iefgründiges Erforschen dieser Funktionen und deren Zusammenwirken [...] daher das sichere Fundament des ernsthaften und zielbewußten architektonischen Schaffens» bilde.[68] Anschauliche Beispiele dieser feinfühligen Untersuchung funktionaler Notwendigkeiten bietet die architektonische Ausgestaltung wichtiger Sondernutzungen wie der Singsäle, der Schulküchen und der Werkräume, die «sorgfältig detailliert und den besonderen Anforderungen entsprechend gestaltet» wurden.[69] Insbesondere die Singsäle verbindet eine bewusste Inszenierung, die in einer expressiven Geometrie wie dem Hexagon in Hergiswil, einer besonderen Materialisierung wie der Wand aus Flussbollensteinen am Singsaal des Felsberg-Schulhauses oder in der Zentralisierung der Anlage – wie bei der auf Säulen erhobenen Aula in Langendorf – zum Ausdruck kommt. Durch die Kombination der funktionalen Anforderungen mit ihrer künstlerischen Ausformulierung ergänzen diese Akzente die ansonsten zurückhaltende Gestaltung der Anlagen an entscheidenden Punkten des Schulbetriebs. Sie komplettierten die Wirkung der Schulbauten, die sich aus einer Summe subtiler Details aus der Hand des Architekten generiert und daher – im Gegensatz zu den rein typologischen Innovationen – nicht rational dechiffrierbar erscheint. In der Verbindung von Zweckmässigkeit mit künstlerisch ausgearbeiteten Lösungen sah Roth eine grundlegende Herausforderung – nicht nur im Schulbau, sondern auch in der gesamten Architektur, denn diese «steht und fällt mit der Erfüllung oder Vernachlässigung ihres lebendigen Sinnes und Zwecks. Die schöpferische Interpretation ihrer Funktionalität ist daher das Kernproblem der Baukunst [...].»[70] Im Fall der Schulbauten Jauchs gelang diese schöpferische Interpretation aufgrund einer angemessenen und nutzergerechten Gestaltung feinfühlig herausgearbeiteter Notwendigkeiten. Diese wurden an überlegten Positionen des schulischen Ablaufs inszeniert und verschmolzen so mit der künstlerischen Ausschmückung der Bauten. Jauch schuf kindgerechte Welten, die dem hohen Anspruch eines pädagogischen Funktionalismus gerecht wurden und über welche die *Schweizerische Bauzeitung* im Fall der Luzerner Schulanlage festhielt: «Die farbigen Akzente des Gebäudes [...] beweisen deutlich, dass in unserer nüchternen Zeit trotz der Beschränkung auf wenig Schmuck noch reichlich Spielraum für die Entfaltung künstlerischen Könnens vorhanden ist. Die vielen liebevoll gepflegten Einzelheiten, die in einem einfachen und überzeugend gestalteten Rahmen entwickelt wurden, zeichnen das Schulhaus Felsberg als eine der vorzüglichsten Leistungen moderner Architektur aus.»[71]

Erst durch Jauchs Empathie konnte die architektonische Wirkung, welche die vielschichtige Funktionalität seiner Schulhäuser in ihrer kindgerechten wie auch künstlerischen Umsetzung ausstrahlt, in dieser Form erreicht werden. Sein Einfühlungsvermögen durchdrang sämtliche Ebenen der Gestaltung von der Einpassung der Bauten in den Ort über die Verwendung der natürlichen Materialien Holz und Naturstein im Wechsel mit farbenfrohen Mosaikfensterbänken bis hin zu der Detaillierung konsequent abgerundeter Tür- und Fensterzargen, die selbst als simpler Stossschutz ihren Teil zum architektonischen Gesamtausdruck beitrugen. In Verbindung mit den Interventionen externer Künstler leistet die gesamte Ausgestaltung seiner Schulhäuser einen wichtigen Beitrag zur ästhetischen Erziehung, die Roth als Grundlage für eine Entwicklung der Schüler zu moralischen Menschen propagierte.[72] So wurden die zahlreichen Trinkbrunnen im Innen- wie Aussenbereich projektübergreifend mit liebevollen Tiermotiven wie Seepferdchen oder Eidechsen verziert. Während für die Schulanlage Felsberg ein geplantes Wandgemälde Hans Ernis (1909–2015) an den Kosten scheiterte, durfte der Zürcher Grafiker Anton Meinrad Leuthold (1900–1975) im Schulhaus Langendorf Sgraffiti mit handwerklich anspruchsvollen Motiven umsetzen. Im Zusammenspiel mit dem ausgestellten Blumenfenster samt Sitzbank verleihen diese Verzierungen der Pausenhalle in Langendorf jene kindgerechte Atmosphäre, welche allen Schulbauten Jauchs bis heute zu eigen ist.

Getragen von der Empathie ihres Erbauers und der liebevollen Umsetzung seiner Gestaltungsideen ergibt sich in der Betrachtung der vier realisierten Schulbauten Jauchs ein Gesamtbild, welches der Forderung Roths entsprach, der «eine neue organische Schulform als sichtbare[n] Ausdruck der Synthese pädagogischer und architektonischer, aber auch planerischer und wirtschaftlicher Überlegungen» ersehnte.[73] Seine berufliche Prägung und der Kontakt zur schwedischen Moderne der 1930er Jahre befähigten Jauch wie wohl nur wenige Architekten oder Architektinnen seiner Zeit, die zweckmässigen Anforderungen der sich wandelnden Schulbautypologie im Sinne eines humanisierten und pädagogischen Funktionalismus umzudeuten und so ihre Zweckerfüllung um eine menschliche und emotionale Dimension zu erweitern.

(67) Werke externer Künstler unterstützen die ästhetische Erziehung in Jauchs Schulbauten. Die Pausenhalle in Langendorf ist mit Sgraffitti des Zürcher Grafikers Anton Meinrad Leuthold gestaltet.

32	«Switzerland: Reaction and Empiricism», in: *Architectural Review* 1950, H. 2, S. 111–115.	51	«Schulhausneubau Langendorf», in: *Solothurner Anzeiger*, 09.09.1950 [Baubeschrieb im Beitrag von Emil Bürgi].
33	Alfred Roth, «Primarschulhaus Felsberg in Luzern», in: *werk* 36 (1949), H. 7, S. 207–215, hier S. 210.	52	Vgl. Ursula Prokop, Franz Schuster: http://www.architektenlexikon.at/de/577.htm (zuletzt abgerufen am 15.06.2021).
34	Ebd.	53	Vgl. Roth 1950 (wie Anm. 41), S. 37–41.
35	Ebd., S. 207.	54	Jauch 1954 (wie Anm. 40).
36	«Schulhausneubau Langendorf», in: *Solothurner Anzeiger*, 09.09.1950.	55	Roth 1950 (wie Anm. 41), S. 43.
37	Ebd.	56	Jauch 1954 (wie Anm. 40).
38	Im Privatnachlass von Emil Jauch finden sich zwei Durchschläge von seinen Antworten auf kritische Leserbriefe zur Veröffentlichung des Wettbewerbserfolgs in Sursee. Ein Brief ist an den Architekten Adolf Ammann gerichtet, der andere an den Architekten Jacob Padrutt.	57	«Schulhaus ‹Matt› in Hergiswil am See», in: *werk* 42 (1955), H. 3, S. 69–76, hier S. 69.
		58	Ebd.
		59	Jauch 1954 (wie Anm. 6), S. 127.
		60	Jauch 1954 (wie Anm. 40).
39	Hans Marti, «Wettbewerb für eine Schulhausanlage im Dägelsteinfeld in Sursee», in: *Schweizerische Bauzeitung* 68 (1950), H. 45, S. 622–629, hier S. 624.	61	Im Rahmen seiner Tätigkeit als Redaktor der Zeitschrift *werk* (1943–1955) verfasste Alfred Roth wiederholt Beiträge unter dem Titel «Zeitgemäße Architekturbetrachtungen», u. a. in: *werk* 34 (1947), H. 6, S. 182–187 (in der Folge «Betrachtungen I») sowie «Zeitgemäße Architekturbetrachtungen. Mit besonderer Berücksichtigung der schweizerischen Situation», in: *werk* 38 (1951), H. 3, S. 65–76, S. 66 (in der Folge «Betrachtungen II»).
40	Emil Jauch, «Das Schulhaus in der Matte. Gedanken des Architekten», in: *Urner Wochenblatt*, 09.10.1954.		
41	Alfred Roth, *Das Neue Schulhaus*, Zürich 1950. Die 1950 in erster Auflage erschienene Publikation Roths entwickelte sich zum Sprachrohr der Schulbauinnovationen des Neuen Bauens. Neben dem Schulhaus Felsberg in der ersten Auflage schaffte es mit dem Schulhaus Matt in Hergiswil ein weiterer Bau Emil Jauchs in eine der folgenden Auflagen der internationalen Beispielsammlung. Sie gilt als Standardwerk zum Thema Schulbau.		
		62	Roth, Betrachtungen II, 1951 (wie Anm. 61), S. 66.
		63	Jauch 1954 (wie Anm. 6), S. 132.
		64	Eric de Maré, «The New Empiricism. The antecents and origins of Swede's latest style», in: *Architectural Review* 1948, H. 1, S. 9–10. Originaltext: «Buildings are married carefully to the site and to the landscape, and flowers and plants are made an integral part of the whole design.» [Übersetzung des Autors]
42	«Schulhaus ‹Matt› in Hergiswil am See», in: *werk* 42 (1955), H. 3, S. 69–76, hier S. 69. Der Artikel ist versehen mit den Initialen «A. R.». Es besteht die Vermutung, dass der Verfasser des Beitrags Alfred Roth war.		
		65	Wieser 2005 (wie Anm. 25), S. 184.
		66	Roth 1950 (wie Anm. 41), S. 29.
43	Wilhelm von Gonzenbach, «Neues Schulhaus und Hygiene», in: Wilhelm von Gonzenbach, Werner M. Moser, Willi Schohaus, *Das Kind und sein Schulhaus. Ein Beitrag zur Reform des Schulhausbaues,* Zürich 1933, S. 8–18, hier S. 9.	67	Ebd., S. 41–43.
		68	Roth, Betrachtungen II, 1951 (wie Anm. 61), S. 72.
		69	«Das Primarschulhaus Felsberg in Luzern», in: *Schweizerische Bauzeitung* 68 (1950), H. 35, S. 471–475, hier S. 472.
44	Roth 1950 (wie Anm. 41), S. 13.		
45	Ebd.	70	Roth, Betrachtungen I, 1947 (wie Anm. 61), S. 187.
46	Ebd., S. 29.	71	«Das Primarschulhaus Felsberg in Luzern» (wie Anm. 69), hier S. 474.
47	Stanislaus von Moos, «Alfred Roth und die ‹Neue Architektur›», in: Alfred Roth (Hrsg.), *Architekt der Kontinuität*, Zürich 1985, S. 26.		
48	Siehe «Zur Theorie der Neuen Architektur», in: Alfred Roth (Hrsg.), *Architekt der Kontinuität*, Zürich 1985, S. 289–292, hier S. 289.	72	Alfred Roth, «Die Bedeutung der Umwelt für die ästhetische und moralische Erziehung der Jugend», in: Roth 1950 (wie Anm. 41), S. 215–217, hier S. 215.
49	Vgl. Roth 1950 (wie Anm. 41), S. 9.	73	Ebd., S. 35.
50	Vgl. Werner M. Moser, «Das Schulhaus als paedagogischer Zweckbau», in: Wilhelm von Gonzenbach, Werner M. Moser, Willi Schohaus 1933 (wie Anm. 43), S. 30–69, hier S. 55.		

Empathie als Funktion

SCHWEIZER KONTEXT

Die architektonische Ausbildung Jauchs vollzog sich in einer Zeit, als das Neue Bauen allmählich in das schweizerische Bewusstsein vordrang. Die Jahre seiner selbstständigen Tätigkeit betteten sich hingegen in einen Kontext Schweizer Architektur, die sich trotz internationaler Wertschätzung auf der Suche nach der eigenen Identität befand.

Ein erstes Zeugnis vom Verständnis des Neuen Bauens in der Schweiz legte die 1932 fertiggestellte Werkbundsiedlung Neubühl in Zürich-Wollishofen ab. Fünf Jahre nach der Stuttgarter Weißenhofsiedlung entstand auch im südlichen Nachbarland eine grossflächige Überbauung, welche die modernen Ideen des Wohnens repräsentierte. Die Bauten der Siedlung demonstrierten die funktionale Anschauung einer Generation junger Architektinnen und Architekten, welche in den folgenden Jahren die Entwicklung des Neuen Bauens hin zu einer landeseigenen Ausprägung mittragen sollte. Bereits 1936, vier Jahre nach der Siedlung Neubühl, belegten die Doldertalhäuser am Zürichberg die Nähe der schweizerischen Entwicklung zu jener in Schweden. Alfred Roth, der die Wohnhäuser zusammen mit seinem Cousin Emil Roth (1893–1980) und Marcel Breuer (1902–1981) plante, brachte seine skandinavischen Erfahrungen in die Gestaltung der beiden Häuser ein. Die Materialisierung und Detaillierung der Bauten sowie ihr konsequenter Bezug zur umgebenden Landschaft decken sich mit den nahezu zeitgleich vollendeten Wohnhäusern Fröléns in der Stockholmer Askrikegatan. Jauch, der im Jahr der Fertigstellung der Wohnhäuser im Doldertal ins Atelier des Schweden wechselte, musste unweigerlich Kenntnis von den Bauten Roths genommen haben. Ein Einfluss der Zürcher Häuser auf die Stockholmer Bauten könnte auf Jauch zurückgehen und würde sowohl seinen Einfluss auf das Projekt Fröléns als auch den intensiven Austausch beider Länder an einem konkreten Beispiel belegen. Ähnlich wie die Bauten Fröléns für Schweden stehen die Doldertalhäuser signifikant für die schweizerische Architekturentwicklung in den 1930er Jahren. Diese nahm für Roth «dank der auffallenden Übereinstimmung ihrer geistigen Struktur mit den Wesenszügen lebendiger Schweizerart und dank der dynamischen internationalen Situation einen unerhört raschen, unser Land vom Eklektizismus befreienden Verlauf».[74] Für ihn bildete dieser Prozess die nicht zu hinterfragende Grundlage für die sich entwickelnde Identität der schweizerischen Architektur. Seine Entschlossenheit richtete sich gezielt gegen einen «rasch um sich greifenden sentimentalen Folklorismus und Traditionalismus», welcher das Erstarken des Nationalsozialismus auch in der Schweiz salonfähig machte.[75] Die anhaltende «völkische» Propaganda, welche laut Roth «auch bei uns zahlreiche Köpfe zu verwirren und die Sitten zu lockern vermocht[e]»,[76] enttarnte das Deutsche Reich auch als künstlerische Bedrohung, der sich die Schweiz zunehmend entzog, um sich auf ihre eigene kulturelle Identität zu besinnen. Die Zürcher Landesausstellung von 1939 stellte für die Schweizer Architektur einen ähnlichen Fixpunkt dar wie die *Stockholmer Ausstellung 1930* für das Bauen Schwedens. Im Zuge der «geistigen Landesverteidigung», die Bundesrat Philippe Etter (1891–1977) als «eine Besinnung darauf, was als eigenständige schweizerische Kultur oder wenigstens als Umprägung allgemeiner Kulturwerte im schweizerischen Kulturgut» ausrief,[77] wurde die Ausstellung zur identitätsstiftenden Nabelschau schweizerischer Architektur. Im Schulterschluss der unterschiedlichen Lager sollte sie «der Welt und gerade dieser von Kriegsgefahr verdunkelten Welt zeigen, wer man war, und daß es sich lohnte, die Arbeit eines Volkes für die Ziele des Friedens und das Wohlergehen aller einzusetzen».[78] In der Zürcher Landesausstellung von 1939 gebar dieser nationale Zusammenschluss auf politischer wie kultureller Ebene eine konsensbasierte schweizerische Architektur, die in den Jahren des Zweiten Weltkriegs einen eigenen Ausdruck herauszubilden suchte. Aus kritischem und zeitlichem Abstand heraus beschrieb der Architekt und Schriftsteller Max Frisch (1911–1991) diesen mit den Worten: «Die Architektur niedlich, das war unser Trotz gegen den barbarischen Monumentalismus im Dritten Reich. Niedlich, keine Fortsetzung des Bauhauses, keine Spur von Le Corbusier, eine unberührte Schweiz, daher gesund wie ihre Kühe.»[79]

⁶⁸ Als Mustersiedlung samt Wohnausstellung brachte die Werkbundsiedlung Neubühl in Zürich-Wollishofen ihrer Bewohnerschaft ab 1932 alle Vorzüge des Neuen Bauens nahe.

⁶⁹ In ihrer äusseren Erscheinung mit Flachdach und Bandfenstern stellen die aufgeständerten Baukörper der 1936 erbauten Doldertalhäuser in Zürich ein sichtbares Bekenntnis zum Funktionalismus des Neuen Bauens dar, während...

⁷⁰ ...das Innere der Häuser den Austausch der schweizerischen Architektur mit der Entwicklung in Schweden offenbart. Besonders die Eingangsfoyers der Häuser gleichen in ihrer Gestaltung den nahezu zeitgleich entstandenen Wohnbauten von Sture Frölén entlang der Stockholmer Askrikegatan. (→ ²²)

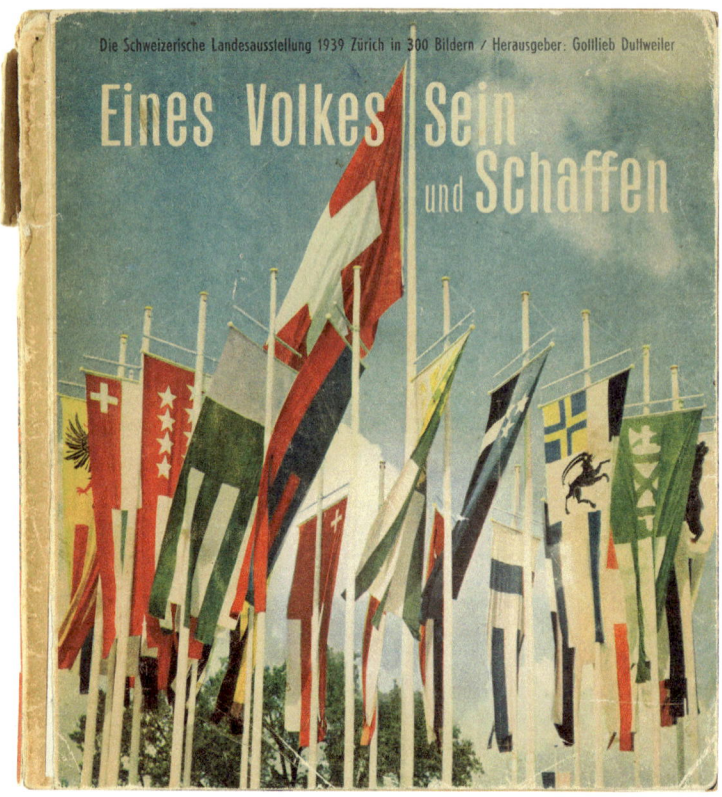

71 Zur «geistigen Landesverteidigung» erhoben, führte die Landesausstellung 1939 zu einer nationalen Selbstbesinnung, in der die Schweizer Architektur ihrer eigenen Identität nachspürte. Durch die ungehinderte Entwicklung während der Kriegsjahre…

72 …avancierte das schweizerische Bauen nach Kriegsende zum vielbeachteten Vorbild für den Wiederaufbau des kriegszerstörten Europas. Nach Stationen in London, Kopenhagen, Warschau und Stockholm gastierte die *Schweizerische Architektur-Ausstellung* bereits 1948 in Köln.

Tatsächlich zielte die Schweizer Fortführung der modernen Bewegung nicht auf die unkritische Übernahme der revolutionären Neuerungen des Bauhauses. Während sich der schwedische Fokus auf die Humanisierung des Funktionalismus konzentrierte, ergänzte die Entwicklung in der Schweiz dieses Bestreben um eine konstruktive Präzisierung der ursprünglich radikalen Ideen: «Unbekümmert um die offiziellen Doktrinen anderer wurden die Tendenzen des Neuen Bauens hier nun einmal mit aller Gründlichkeit durchprobiert, sorgsam gedanklich durchsetzt und mit menschenfreundlichem Geiste erfüllt.»[80] Diese gründliche Überprüfung der Tragfähigkeit moderner Ideen für eine alltägliche Realität bezog sich nicht nur auf die vertiefenden Differenzierungen einzelner Gebäudetypologien wie des Kirchen- und Schulbaus, sondern auch auf konstruktive Überlegungen und innovative Detaillösungen für eine sachgerechte Umsetzung dieser neuen Bauten. Hans Hofmann (1897–1957), Architekt und Direktor der Landesausstellung 1939, beschrieb die schweizerische Entwicklung als «die Zeit der Korrektur, der Ausreifung und Ergänzung der Grundlagen des ‹Neuen Bauens›».[81] Er pointierte seine Aussage in einer Feststellung aus dem Jahr 1946: «Wir empfinden das ‹Neue Bauen› heute beinahe schon als Vergangenheit.»[82] Sein Statement verdeutlicht nicht nur, welchen Entwicklungsschritt das Neue Bauen in den Kriegsjahren erfuhr, es lässt auch erkennen, wieso sich die Schweiz nach Kriegsende unvermittelt in einer Vorbildrolle für den Wiederaufbau der zerstörten Städte Europas wiederfand. Die Aufmerksamkeit, welche die Schweizer Bauten – neben denen Schwedens – nach 1945 erfuhren, war ungebremst. Den Anfang dieser intensiven Rezeption der Schweizer Architektur nach Kriegsende stellte die *Schweizerische Architektur-Ausstellung* dar, welche bereits ab 1946 in diversen europäischen Städten gezeigt wurde und im Jahr 1948 im kriegszerstörten Köln gastierte. Die ausstellungsbegleitende Publikation zeugt von der starken Orientierung des deutschen Wiederaufbaus an den Leistungen der schweizerischen Architektur der vorangegangenen Jahre. Rudolf Schwarz (1897–1961), damaliger Generalplaner des Kölner Wiederaufbaus, spiegelte in seinem «Helvetica Docet» überschriebenen Einführungstext zur Ausstellung die damals vorherrschende Aussensicht auf die Schweiz wider. Bezugnehmend auf die Kölner Werkbundausstellung von 1914 – die für Schwarz den Eindruck vermittelte, «als würde die Erde noch einmal schön werden. Aber sie wurde es nicht» – beschrieb er eindrücklich die Lücke, die zwei Weltkriege zu jenem Land aufgetan hatten, welches von beiden Ereignissen verschont geblieben war.[83] Für Schwarz fiel der Schweiz in den Kriegsjahren «die Aufgabe zu, die abgerissenen Überlieferungen zu hüten und weiter zu entwickeln. Sie hat diese Aufgabe in einer bewundernswerten Weise erfüllt. […] Die Freiheit ist in diesen Jahren in die Berge gegangen und kommt jetzt von dort zu uns zurück».[84] In der Bescheidenheit Schweizer Architektur erkannte Schwarz einen menschlichen Anstand und eine Sittlichkeit, der es angesichts der vorherrschenden Armut seines Landes nachzueifern galt.[85]

(73) Neben der Architektur Schwedens bildeten die baulichen Leistungen in der Schweiz eine wichtige Orientierungshilfe für die Architekten und Architektinnen des deutschen Wiederaufbaus.

Entgegen dieser euphorischen Aussensicht fiel die schweizerische Selbstwahrnehmung kritischer aus. Nach Kriegsende entbrannte der schwelende Diskurs über die architektonische Identität des Landes aufs Neue. Wiederum war es Roth, der als *werk*-Redaktor einen prüfenden Blick auf sein Metier warf.[86] Unterstützung erfuhr er von Frisch, der 1951 nach einem einjährigen Studienaufenthalt in den USA und Mexiko in die Schweiz zurückgekehrt war. Beiden gemein war eine kritische Sicht auf die Leistungen ihrer Kolleginnen und Kollegen sowie den allgemeinen Zustand schweizerischer Architekturproduktion. In seiner Rede «Cum grano salis», die Frisch 1953 vor den Zürcher Mitgliedern des BSA hielt, beklagte er, «wie proper alles gebaut ist, wie ernst und gewissenhaft. Noch die letzte Wassernase ist gemeistert, und der Heimkehrende wird kaum einen schweizerischen Bau treffen, wo ihm nicht reihenweise etwa die folgenden Beiwörter einfallen: Schmuck, gediegen, gründlich, gepflegt, geschmackvoll, sicher, sauber, gepützelt, makellos, seriös, sehr seriös. [...] Und er staunt, daß er trotz all dieser Qualität unserer Architektur nicht in eine eigentliche Begeisterung gerät».[87] Vergebens suchte Frisch den Mut zum Wagnis und fand in seiner Heimat nicht den Pioniergeist des Landes, aus dem er heimgekehrt war, sondern ein Uhrmacherland, in dem der Durchschnitt zwar sehr hoch, aber auch das erklärte Ziel aller Bemühungen zu sein schien.[88] Wo der Schriftsteller seine persönliche Wahrnehmung schilderte, wurde Roth in der Ursachenforschung konkreter. Im Diktat des Mittelmasses sah er die Verhinderung notwendiger Spitzenleistungen. In seinen Augen wandelten sich Wohlstand und Sicherheit der kriegsverschonten Schweiz zu Wohlleben und sorgloser Oberflächlichkeit einer ganzen Generation. Beide erkannten, dass das Bürgerliche in eine bieder-behagliche Spiessbürgerlichkeit kippte. Ihr warf Frisch vor, statt an den erzwungenen Kompromissen nur an ihrer eigenen Mentalität zu leiden – einer «Mentalität nämlich, nie etwas Radikales auch nur zu wollen, geschweige denn es zu tun».[89] Für Roth hingegen war klar: «Ein Sichzurückfinden von den Abwegen auf den geraden Weg echter lebendiger Schweizerart tut bitter not. Ihre schönsten und produktivsten Wesenszüge waren von jeher Ehrlichkeit, Bescheidenheit und moralische Zucht, aber auch offene kritische Weltverbundenheit, deren gerade ein kleines Land in so hohem Maße bedarf.»[90] Statt einer belebenden Öffnung nach aussen versuchten die heimischen Architektinnen und Architekten, mittels übertriebener Detaillierung den immer gleichen Lösungen zu entkommen. Dennoch – oder gerade deshalb – war für Frisch «eine gewisse Uniformierung [...] nicht zu übersehen, obzwar sie geleugnet wird. Ein besonders zierliches Geländerchen, ein origineller Dachhut, all dies wird man als Fachmann durchaus bemerken und loben; der Architekt, man spürt es, kämpft wie ein Don Quijote gegen die Uniformierung».[91] Rückblickend erkannte der Architekturhistoriker Martin Steinmann (1942–2022) in dieser «Flucht ins Detail» nicht nur die Kompensation einer fehlenden gestalterischen Freiheit, sondern vermutete gar einen «Rückzug ins ‹Menschliche›. In ihm scheint sich das Schweizerische als Rationalisierung emotionaler Bedürfnisse zu verwirklichen».[92] Weniger Menschliches als vielmehr den «[m]angelnden Sinn für das Einfache» attestierte hingegen Roth dem penibel detaillierten Mittelmass seiner Zeitgenossen.[93] Angesichts der Sucht nach materieller Perfektion und übermässiger Detaillierung bescheinigte er der Architektur seines Heimatlands eine Komplexität, welche jede wohltuende Einfachheit verhinderte.[94] Für ihn war diese Entwicklung die Folge eines «mangelnden Interesses an der grundsätzlichen Seite der Aufgabe», die er in der dezidierten Analyse sämtlicher Bedürfnisse ausmachte.[95] Nicht die Rationalisierung der eigenen emotionalen Bedürfnisse – wie von Steinmann später unterstellt –, sondern die umfängliche Erfüllung der zweckmässigen, ästhetischen und emotionalen Bedürfnisse galt Roth als das wahrlich Menschliche in der Architektur.

Roths Anforderungen an den modernen Schulhausbau zielten nicht nur auf diese umfassende Funktionserfüllung, sie lasen sich auch wie ein Baubeschrieb der Schulbauten Jauchs: «Grundsätzliche Überlegungen beim Schulbau sollen sich auf die pädagogisch bestmögliche Form der Klasseneinheit (quadratischer Raum), die einwandfreie Belichtung und Belüftung (zweiseitige Belichtung, Querlüftung), zusätzliche Spezial- und Arbeitsräume, intime, anregende Atmosphäre (alles für das Kind), lockere Gruppierung der Gesamtanlage [...] beziehen.»[96] Jauchs empathischer Entwurfsansatz entsprach Roths essenziellem Ruf nach dem «ernste[n] und wahrhaft schöpferische[n] Sichvertiefen in das lebendige Wesen der Aufgabe».[97] Nicht zuletzt aufgrund seiner skandinavischen Prägung stand für Jauch der Mensch stets im Mittelpunkt seiner einfühlsamen Analyse. Diese zielte darauf ab, dessen Bedürfnisse vollumfänglich, in funktionaler sowie in der von Roth angemahnten ästhetischen und emotionalen Dimension zu erkennen – und zu erfüllen. Abseits aller Uniformität gelang es Jauch, seinen Schulhäusern einen eigenständigen, nicht wiederholbaren Ausdruck zu verleihen. Mit ihnen erreichte sein Werk eine Relevanz, die international wahrgenommen wurde und seine Bauten zum Teil jener schweizerischen Architektur machte, die den kriegszerstörten Ländern Europas als Vorbild für den Wiederaufbau galt. Ihre kindgerechte Ausformulierung bediente keine überladene Komplexität, sondern stellte eine Notwendigkeit für die vollumfängliche Funktionserfüllung eines zeitgemässen Schulbetriebs dar. Seine empathische Gestaltung war nicht simple Dekoration. Gezielt diente sie der ästhetischen Erziehung der Kinder und somit dem pädagogischen Funktionalismus im Sinne Roths. In den Bauten Jauchs wurde die Empathie zur Funktion.

(74) In den Bauten seines Heimatlands erkannte der Architekt und Schriftsteller Max Frisch eher die Präzision des Uhrmachers als den erhofften Pioniergeist. Der Durchschnitt sei hoch, aber leider auch das erklärte Ziel aller Bemühungen.

EMPATHIE ALS FUNKTION

Die etymologischen Wurzeln des Begriffs Empathie liegen in dem deutschen Wort «Einfühlung». Das Wörterbuch der deutschen Gegenwartssprache erklärt «Einfühlen» als «sich in jmds. Lage, in etw. hineinversetzen».[98] Für die Beschreibungen kinästhetischer Phänomene – der Bewegungswahrnehmung – verwendete der amerikanische Psychologe Edward B. Titchener (1867–1927) im Jahr 1909 erstmals den Begriff «empathy» und verwies auf dessen Verwandtschaft zum Begriff der «Einfühlung».[99] Über einen doppelten Übersetzungstransfer gelangte «empathy» als «Empathie» zurück in den deutschen Sprachgebrauch und wurde so zum Synonym für den eigenen Ursprung. Seine konstanteste Verwendung fand der Begriff der «Einfühlung» im therapeutischen Kontext der Sozialpsychologie. Hier galt Einfühlung als Voraussetzung für die Identifikation mit dem zu behandelnden Patienten. Dieser psychologischen Verwendung zu Beginn des 20. Jahrhunderts ging mit der Einfühlungstheorie jedoch eine Begriffsentwicklung in der Analyse des rein ästhetischen Wahrnehmens voraus. Zusammen mit seinem Sohn, dem Kunsthistoriker Robert Vischer (1847–1933), deutete der deutsche Philosoph und Literaturwissenschaftler Friedrich Theodor Vischer (1807–1887) den «Akt der Einfühlung» als psychischen Vorgang einer «Beseelung», welche die Basis jedes ästhetischen Genusses bilde.[100] Vischers entscheidender Gedanke «Das Schöne ist nicht ein Ding, sondern ein Akt»[101] ersetzte das Objekt der Betrachtung durch eine aktive Handlung des Betrachters. Robert Vischer sah in der Kombination alltäglicher Beobachtungen mit ihren komplexen psychologischen Vorgängen «ein unbewußtes Versetzen der eigenen Leibform und hiermit auch der Seele in die Objektsform. Hieraus ergab sich mir der Begriff, den ich Einfühlung nenne».[102] Er kategorisierte dieses ästhetische Wahrnehmen in drei unterschiedliche Arten: Während die «sensitive» wie auch die «motorische» Gefühlsbeteiligung einen Prozess von aussen nach innen beschrieben, erfasse die «zentrale Versetzung» das Objekt von innen heraus.[103] Letzteres stellte für Vischer die intensivste der drei Arten dar.

Eine Übersetzung aus der Rezeption des Betrachters zur aktiven Gestaltung des Künstlers erfuhr die Einfühlungstheorie durch den russischen Philosophen und Literaturwissenschaftler Michail Bachtin (1895–1975). In seinem Buch *Autor und Held in der ästhetischen Tätigkeit* verstand er die Einfühlung nicht als Endzweck einer gestalterischen Handlung, sondern als deren Werkzeug. Bezogen auf die Entwicklung seiner literarischen Helden erklärte er: «Ich muß erleben – erblicken und erfahren – was er erlebt, seinen Platz einnehmen, gleichsam eins mit ihm werden.»[104] Die Einfühlung stellte für Bachtin die Grundlage seiner ästhetischen Tätigkeit dar. Der kreative Prozess begann für ihn in der wiedererlangten Distanz und der Rückbesinnung auf das eigene Ich – in jenem Moment, «wenn wir in uns selbst, auf einen Platz außerhalb des Leidenden zurückkehren und das Material der Einfühlung gestalten und vollenden».[105]

Dieser gestaltende Prozess der Einfühlung, den Bachtin in den 1920er Jahren für die künstlerische Tätigkeit beschrieb, kann durchaus auf die empathische Entwurfsarbeit des erweiterten Funktionalismus übertragen werden. Dessen Forderung nach einer Sensibilität dem Ort, aber auch der gestellten Aufgabe und den künftigen Nutzern und Nutzerinnen gegenüber bedingte ein ebenso hohes Mass an Einfühlung. Erst sie erlaubte es, neben den funktionalen Notwendigkeiten die emotionalen und ästhetischen Bedürfnisse zu erkennen – und sie zu befriedigen. In diesem Ansinnen deckte sich die Empathie der Gestaltung mit dem Streben nach Schönheit und passte sich nahtlos in einen Diskurs ein, welcher deren Rolle im Funktionalismus diskutierte.

Obwohl selbst ein Pionier in der funktionalistischen Architektur, hielt Le Corbusier das «Streben nach dem Schönen für eine ganz fundamentale menschliche Eigenschaft [...], die über unser Dasein eine weit stärkere Macht ausübt, als alle Wohltaten des Fortschritts».[106] Im Jahr 1929, angesichts seines Entwurfs des «Mundaneums», eines Weltenmuseums in Genf, sah er sich daher gar Vorwürfen seiner funktionalistischen Kollegen ausgesetzt. Der tschechische Kunsttheoretiker Karel Teige (1900–1951) kritisierte die entworfene Form einer Stufenpyramide als nicht ausreichendes Resultat der bestimmenden Funktion.[107] Le Corbusiers Reaktion konfrontierte das radikale Funktionalismusverständnis der frühen Moderne mit seiner individuellen Position: «Ich bin Architekt und Städtebauer. Meine Pläne haben das Wort, in ihnen diktiert die Technik der Neuzeit und das ewige Gefühlsbedürfnis des menschlichen Herzens.»[108] Der Ansicht seiner radikaleren Kolleginnen und Kollegen, das Zeitalter der Maschine hätte die Architektur und die Kunst überwunden, widersprach er entschieden und verwies auf sich selbst: «Ich aber, der ich gewillt bin, meine volle persönliche Freiheit und mein schöpferisches Künstlertum erbittert zu verteidigen, ich werde in meiner ‹Anarchie› verharren [...] und werde tagtäglich meine Bemühungen leidenschaftlich

EMPATHIE ALS FUNKTION

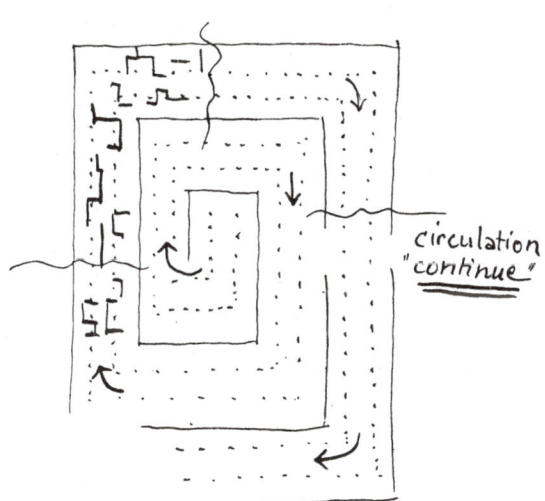

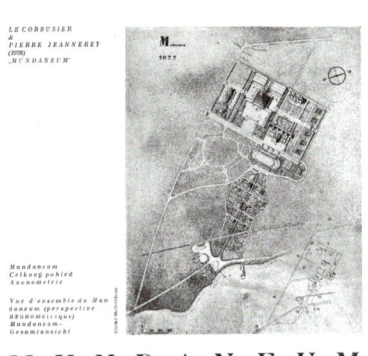

(75) Im April 1929 kritisierte der Kunsttheoretiker Karel Teige den Entwurf Le Corbusiers für ein Mundaneum in der tschechischen Zeitschrift *Stavba* als zu wenig funktionalistisch.

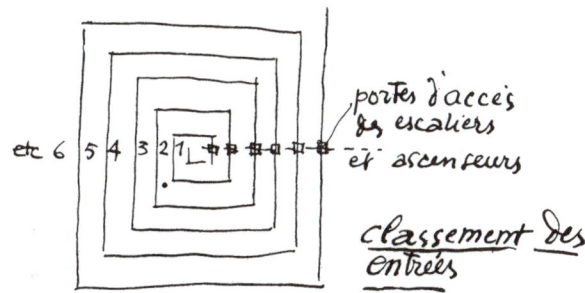

(76) Auf Initiative des belgischen Mäzens Paul Otlet (1868–1944) hin sollte das Mundaneum als Weltmuseum in der Nähe Genfs entstehen. Le Corbusiers und Pierre Jeannerets vorgeschlagene Pyramidenform entstand aus der Aufwicklung einer betonierten Spiralrampe.

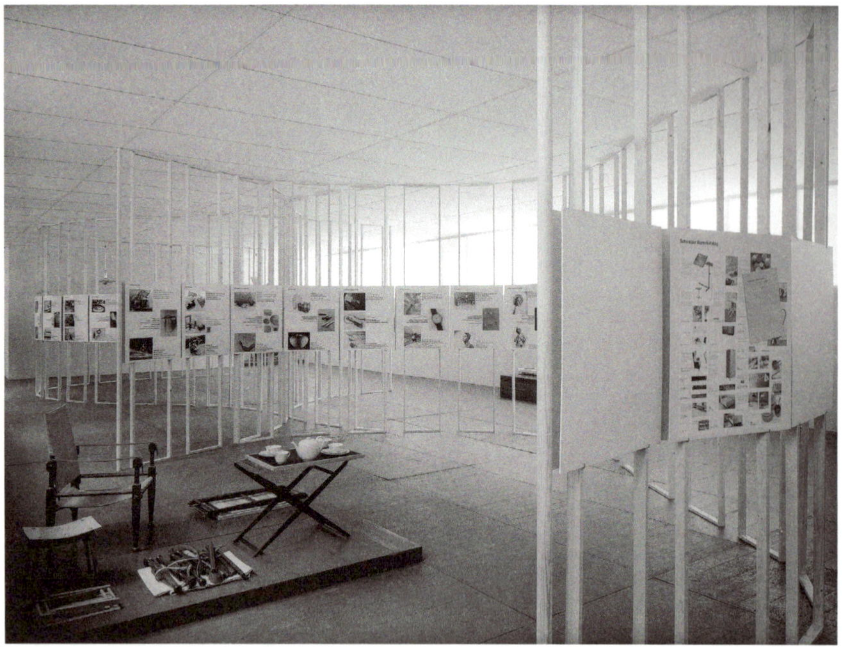

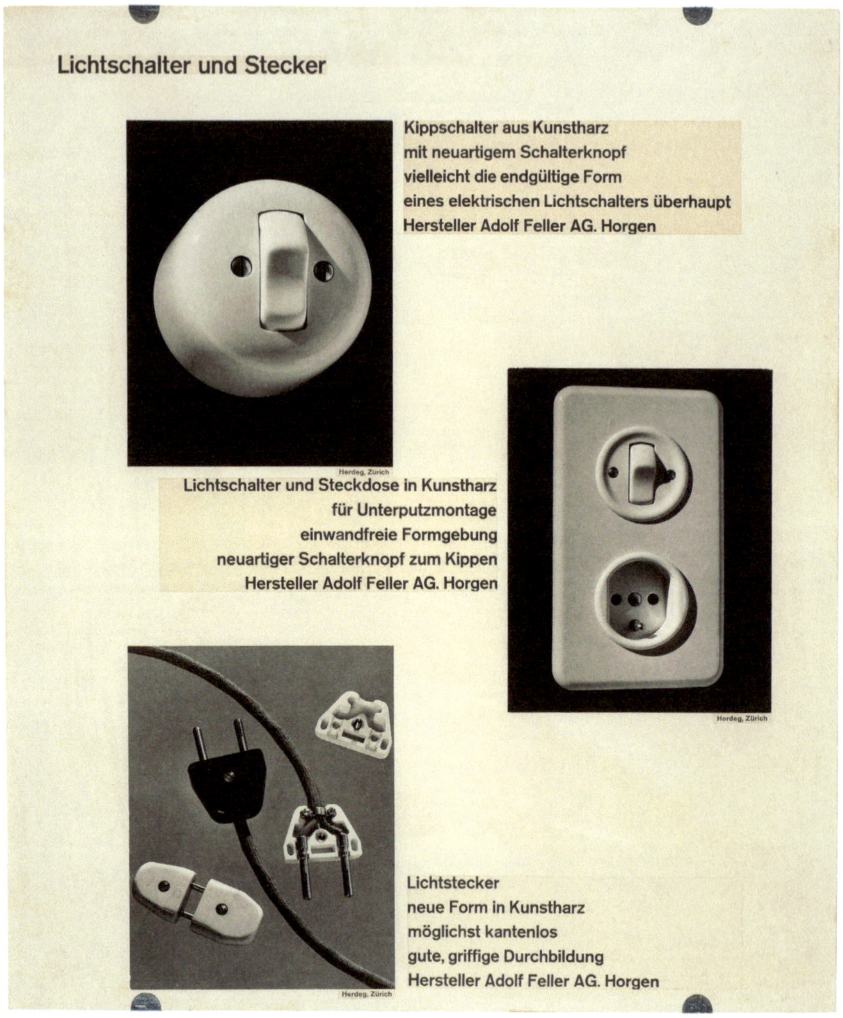

(77) Die 1949 erstmals gezeigte Wanderausstellung *Die gute Form*, die Max Bill für den Schweizerischen Werkbund konzipiert hatte, führte dem Publikum auf 80 Schautafeln die Dualität von Funktion und Ästhetik vor Augen.

fortsetzen: meine Bemühungen um Harmonie.»¹⁰⁹ In seiner Reaktion auf Teige, welche er unter dem Titel «Defense de l'architecture» veröffentlichte, verteidigte Le Corbusier seine Architektur gegen die restriktiven Dogmen eines Funktionalismus, wie ihn die frühe Moderne verstand. Funktion und Schönheit schlossen sich für ihn keinesfalls aus. Beide stellten elementare – wenngleich separate – Bedürfnisse des Menschen dar. «Die Funktion ‹Schönheit›», so schrieb er bereits 1929, «ist unabhängig von der Funktion der ‹Nützlichkeit›. Das, was den Geist beleidigt, ist offenkundige Verschwendung, denn Verschwendung ist Dummheit, und das ist ein Grund, warum das Nützliche gefällt, aber an sich ist das Nützliche nicht schon gleichbedeutend mit dem Schönen.»¹¹⁰

Knapp zwanzig Jahre nach dem Genfer Museumsentwurf übertrug der Schweizer Architekt und Künstler Max Bill (1908–1994) die Position Le Corbusiers in den Diskurs der Nachkriegsjahre. In seiner Rede zum Werkbundtag 1948 übernahm Bill die Ansicht, die Form sei nicht ausschliesslich das Ergebnis einer rationalen Zweckerfüllung. Für ihn schuf die «Verbindung von ingenieursmässigem Rationalismus und konstruktiver Schönheit […] das Signum, unter dem wir die Produktion von heute und morgen betrachten müssen».¹¹¹ Statt Le Corbusiers Parallelität von Schönheit und Funktion erkannte Bill jedoch eine direkte Abhängigkeit der beiden voneinander. Für ihn war die «Schönheit aus der Funktion […] dort am besten zu beobachten, wo die Funktionen am reinsten zu Tage treten».¹¹² Musste die Erfüllung ästhetischer und emotionaler Bedürfnisse knapp zwanzig Jahre zuvor noch gegen die Hüter eines reinen Funktionalismus verteidigt werden, so herrschte im Diskurs der Nachkriegsjahre ein Verständnis, dass funktionalistische Form auch «aus einem ästhetischen Bedürfnis [entsteht], und daß dadurch gerade die Zeugen für eine Schönheit aus der Funktion gleichzeitig zu Zeugen für eine Schönheit als Funktion werden».¹¹³ Als Voraussetzung dafür, diese emotionalen und ästhetischen Bedürfnisse in ihrer Funktion zu erkennen, galt Bill neben einer konkreten Aufgabenstellung vor allem die individuelle Fähigkeit der Entwerfenden, «die aus eigener Erfahrung, eigener Anschauung und eigenem Verantwortungsgefühl heraus jene Dinge gestalten, die wir gern täglich und jederzeit brauchen […], gestaltet im Sinne einer Schönheit, die aus der Funktion heraus entwickelt ist und durch ihre Schönheit eine eigene Funktion erfüllt».¹¹⁴ Die Verbindung aus einer präzisen Analyse und dem künstlerischen Verantwortungsgefühl der Gestaltenden verweist in ihrer Methodik auf jene Einfühlung, welche Bachtin dreissig Jahre zuvor als Werkzeug seines eigenen Schaffens beschrieben hatte.

Die Dualität von Funktion und Schönheit und die ihr zugrunde liegende Ausweitungen der rein zweckorientierten Gestaltung auf die emotionalen und ästhetischen Bedürfnisse der Nutzerschaft stärkten einen Funktionalismusbegriff, den der 1941 geborene Architekt und Designer Bruno Reichlin 1985 rückblickend so fasste: «Das ‹formale› Interesse bezieht sich nicht mehr auf die Funktionen, die man als spezifisch für ein bestimmtes Programm anerkannt hat, […], sondern auf ihre synergetische Verknüpfung, wobei Synergie bedeutet: ‹die Zusammenarbeit mehrerer Funktionen, die den Effekt eines Ganzen hervorrufen.› Diese […] Veränderung im Denken über das architektonische Objekt konnte mit der Bezeichnung ‹synthetischer Funktionalismus› belegt werden.»¹¹⁵ Wie latent eine solche Synergie bereits der schweizerischen Architektur der Nachkriegsjahre innewohnte, unterstreicht Hofmanns Beschreibung im Jahr 1946: «Wir suchen nach der Synthese von praktischer, verstandesmässiger und künstlerischer Arbeit. Wir lassen uns dabei wiederum inspirieren von der Reichhaltigkeit des Lebens. Wir sind hellhöriger für die ideellen Bedürfnisse des Menschen geworden […]. Unser Weltbild ist reicher und unser Horizont weiter geworden. Eine nur zweckmässige Erfüllung einer Bauaufgabe kann für uns nicht mehr Endziel sein, sondern die selbstverständliche Pflichterfüllung einer Bauaufgabe im Zusammenhang von praktischer, einwandfreier Lösung und künstlerischer Gestaltung. […] Wir wollen Sachlichkeit und künstlerische Phantasie.»¹¹⁶ Auch für Roth stellte diese Forderung die Basis für seinen modernen Funktionalismusbegriff dar. 1947 betonte er zwar in seinen «Zeitgemässen Architekturbetrachtungen», dass nur «die Funktionalität als Ausdruck und Forderung des Lebendigen im Menschen und seinem Schaffen das Primat im Bauen hat», liess dieser Feststellung jedoch ein Spektrum an zu erfüllenden Bedürfnissen folgen, welches dem Kanon eines erweiterten Funktionalismusbegriffs entsprach: «Als Summe aller Zwecke umfaßt sie [die Funktionalität] die materiellen und geistigen, die künstlerischen und emotionell-menschlichen Elemente.»¹¹⁷ Reichlins Begriff des synthetischen Funktionalismus vorgreifend, gewichtete Roth die ästhetischen und emotionalen Bedürfnisse mit der reinen Zweckerfüllung gleich und forderte deren fruchtbare Synthese vehement für eine vollumfängliche Funktionserfüllung, insbesondere im Schulhausbau.

Diese Fähigkeit zur Einfühlung liegt auch der einzigartigen Wirkung aller Schulbauten Jauchs zugrunde. Bis heute ist dessen Empathie für Ort und Nutzende in ihnen spürbar. Sie ist es, die eine architektonische Gestaltung generierte, welche sowohl Bills Formulierung der «Schönheit aus Funktion» als auch Roths Anspruch einer eigenständigen erzieherischen Aufgabe im Sinne der «Schönheit als Funktion» entsprach. In seinem Text «Die Bedeutung der Umwelt für die ästhetische und moralische Erziehung der Jugend» kehrte Roth seine Analyse des Schulhausbaus um: Nicht die Gestaltung der gebauten Umgebung aufgrund funktionaler Vorgaben stand nun im Fokus, sondern die Funktion der gestalteten Umgebung für die Erziehung des Kindes selbst. Ästhetische Bildung sah Roth als Voraussetzung für eine moralische Erziehung – und berief sich dabei auf Platon (428–348 v. Chr.).[118] Der griechische Philosoph band alles Gute an das Schöne und Wahre, das Böse hingegen galt ihm als hässlich und unwahr. In seinen Ausführungen zitierte Roth Platons Verständnis der Bildung: «Das Ziel der Erziehung soll darin bestehen, das Kind zu lehren, das Gefühl der Freude mit dem Begriff des Guten und das Gefühl des Schmerzes mit dem Begriff des Bösen zu verbinden». Er fuhr fort mit Platons Rat: «Lernet das Kind Freude und Schmerz anhand der entsprechenden Dinge empfinden. [...] Die richtigen Dinge sind [...] diejenigen, welche unmittelbares ästhetisches Erlebnis vermitteln, denn sie allein sind objektiv wahr.»[119] Dieser Rückgriff auf Platon unterstreicht die Bedeutung, welche Roth der ästhetischen Gestaltung zeitgemässer Schulbauten zuschrieb. Wie in keiner anderen Typologie übernimmt im Schulhausbau die Erfüllung der ästhetischen und emotionalen Bedürfnisse einen essenziellen Teil der gesamthaften Funktionsweise. Da dem Kind lediglich die «Welt der eigenen Phantasie und Schöpfung» als Grundlage für seine künstlerische und ästhetische Erfahrung zur Verfügung stehe,[120] werde die empathische Gestaltung der Schulbauten zur Notwendigkeit seiner nachhaltigen ästhetischen Bildung und somit auch seiner moralischen Erziehung.

Die Schulbauten Jauchs legen ein beeindruckendes Zeugnis von dieser Bedeutung seiner Empathie ab. Als Fähigkeit zur Einfühlung in die entwerferische Fragestellung, aber auch als gebauter Ausdruck ästhetischer und emotionaler Bedürfnisse erfüllt sie gezielt die Aufgabe der Bildung des Kindes – und wird so zur eigenständigen Funktion seiner Bauten. Die architektonische Erlebbarkeit der umfassenden Funktionserfüllung verleiht seinen Schulbauten eine eigenständige Identität und eine nennenswerte – und bisher nur wenig betrachtete – Relevanz im internationalen Schulbaudiskurs. Den Theorien des pädagogischen Funktionalismus Roths verhalfen sie zur baulichen Entfaltung. In einem seiner seltenen Texte findet sich eine Aussage Jauchs, welche den direkten Rückschluss auf seine bewusste und übergeordnete architektonische Intention erlaubt. Bezogen auf den ländlichen Schulhausbau schrieb er vielsagend und durchaus exemplarisch für sein gesamtes Schaffen: «[...] so kann auch das ländliche Schulhaus auf einen kostspieligen Ausbau verzichten, ohne die sorgfältige Gestaltung und Pflege der Einzelheiten im Sinne des Zweckmäßigen und Schönen zu vernachlässigen. [...] Ein schöpferischer Architekt wird vielmehr die realen Gegebenheiten der Umwelt mit den jeder Aufgabe eigenen Besonderheiten, den Erkenntnissen der Pädagogik und dem modernen Formgefühl in einer phantasievollen Synthese zu vereinigen wissen.»[121]

INTERNATIONALE WIRKUNG

«Wir sind viele Jahre durch den Tod gegangen, wie schwer das wiegt, empfindet man erst, wenn man als Gast in das geschonte Land kommt.»[122] Jauchs internationale Relevanz ist eng an die Vorbildrolle der Schweizer Architektur nach 1945 gebunden. Nach den Kriegszerstörungen war der Blick des Wiederaufbaus nach vorn gerichtet und fiel zwangsläufig auf die Entwicklungen in der Schweiz. Die *Schweizerische Architektur-Ausstellung* führte Rudolf Schwarz 1948 vor Augen, «wie es um uns stünde, wenn dieses alles nicht gewesen wäre. Sie [die Schweiz] hat alles Begonnene fortgesetzt und bringt es nun wieder zurück, und wir sehen beglückt, wie es in den dunklen Jahren weiter gewachsen ist».[123] An dieser beharrlichen Weiterentwicklung des Neuen Bauens galt es sich auszurichten, aber auch aufzurichten. Aufgrund der wachsenden Zahl an Publikationen über Schweizer Bauten, welche den typologischen und technologischen Durst des Wiederaufbaus stillten, geriet die Humanisierung des Neuen Bauens – wie sie die Bauten Jauchs veranschaulichten – ins Blickfeld der Diskussion. Besonders die ab 1950 durchgeführten «Darmstädter Gespräche» thematisierten die Grundwerte eines neuen Europas nicht nur auf philosophischer und soziologischer, sondern auch auf architektonischer Ebene. Bereits bei der zweiten Zusammenkunft unter dem Titel «Mensch und Raum» rückte das Symposium 1951 die drängenden Fragen des Wiederaufbaus ins Zentrum der Diskussion. Das Gespräch begleitend, wurden im Rahmen einer Bauausstellung elf Entwürfe für «Meisterhäuser» präsentiert, welche anhand verschiedener öffentlicher Nutzungen die neue Architektur aufzeigen und so zum Seismografen des bevorstehenden Wiederaufbaus werden sollten. Aus den Entwürfen, unter deren Urhebern herausragende Protagonisten der 1920er Jahre waren, etwa Max Taut (1884–1967), Paul Bonatz (1877–1956) oder Otto Bartning (1883–1959), stach eine Typologie signifikant hervor: Sechs der elf präsentierten Entwürfe setzten sich mit dem Schulhausbau auseinander. Neben den Beiträgen von Schwarz und Hans Schwippert (1899–1973) imponierte besonders das Projekt Hans Scharouns (1893–1972) und sollte die begleitende Diskussion inhaltlich bestimmen.

78 Am zweiten «Darmstädter Gespräch» 1951 unter dem Titel «Mensch und Raum» nahmen neben zahlreichen Architekten auch die Philosophen Martin Heidegger und José Ortega y Gasset teil. Ins Zentrum der hitzigen Debatte geriet…

Scharouns Entwurf einer Volksschule stellte den herausragenden Beitrag unter den Darmstädter Meisterbauten dar. Auf nicht weniger als 38 Ausstellungstafeln transportierte er die Fülle seiner philosophischen, pädagogischen, aber auch städtebaulichen Ideen. In seiner typologischen Ausarbeitung fanden sich wesentliche Grundsätze, die Roth – der ursprünglich selbst für das Projekt des Darmstädter Volksschulhauses vorgesehen war – in seinem im Jahr zuvor erstmals erschienenen Buch *Das Neue Schulhaus* formuliert hatte.[124] Die offene Disposition der Anlage Scharouns entsprach den Vorstellungen einer schulischen Umgebung, wie Roth sie für wünschenswert erklärte. Auch die funktionale Raumdimension der Schulzimmer und deren organhafte Gliederung erfüllten die Forderungen an einen zeitgemässen Schulbetrieb. Diese Übereinstimmungen sind ein Indiz für den Einfluss, den Roths Publikation, aber auch der schweizerische Schulhausbau auf Scharoun und die schultypologische Ausrichtung des Wiederaufbaus ausübten. Unter den Beispielbauten in Roths Erstauflage fand sich auch Jauchs Schulanlage Felsberg. Matthias Schirrens Analyse des Volksschulhausentwurfs folgend, lässt sich ein direkter Bezug Scharouns zur Luzerner Schulanlage ausmachen.[125] In seiner ortsbaulichen Situierung und dem organischen Aufbau seiner Grundrissfigur gab Jauchs 1948 vollendeter Bau eine Lösung vor, die sich in der Volksschule Scharouns widerspiegelt. Auch in der funktionalen Organisation überschaubarer Trakte entlang eines «rückgratartigen, mehrfach gebrochenen Flures, der das gesamte Gebäude durchzieht»[126], kann die Erschliessung Jauchs, mit der er seinerseits die gestaffelten und leicht verdreht positionierten Pavillons verband, als Vorbild für den Darmstädter Entwurf gedeutet werden. Neben der vergleichbaren Organisation der Schulbauten fand sich zudem in der lang gestreckten Gesamtfigur der Anlagen eine direkte Entsprechung der beiden Entwürfe. «Dort [in Luzern] sind zwölf Klassenzimmer [...] hintereinander geschaltet, und den obersten Abschluß der längsgestreckten Anlage bildet ein gemeinschaftlicher Musiksaal, dessen Grundrißform im Darmstädter Schulentwurf nahezu unverändert für die Sporthalle aufgegriffen wird.»[127] Aufgrund dieser Entsprechungen dient Schirrens Gegenüberstellung als ein Fingerzeig, dass Jauchs Bauten international durchaus wahrgenommen wurden. Sein empathischer Entwurfsansatz fungierte dabei nicht nur als Vorbild für einen modernen Schulbau, sondern brachte auch das Verständnis eines erweiterten Funktionalismus in die Diskussion der zerstörten Länder Europas ein.

Dem zweiten Darmstädter Gespräch lieferte Scharouns Entwurf für ein Volksschulhaus das Objekt einer kontroversen Auseinandersetzung. Ulrich Conrads (1923–2013), der die Protokolle der Diskussionen Jahre später veröffentlichen sollte, schrieb rückblickend, es sei die innere und äussere Situation Deutschlands gewesen, «die uns junge Leute 1951 zu wachen, geschärften, kritischen und schließlich doch, ich muß es gestehen, zu dankbaren, wenn nicht – stellenweise – sogar begeisterten Zuhörern des zweiten

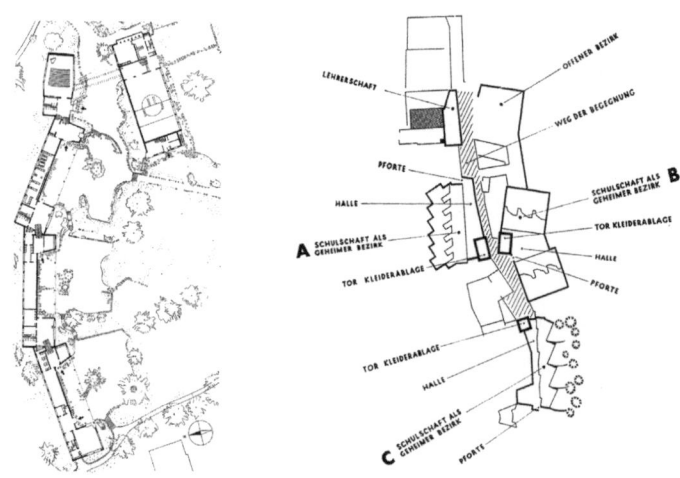

(79) ...ein Schulhausentwurf Hans Scharouns (rechts), der in seiner räumlichen Organisation auf Jauchs Schulanlage Felsberg (links) zurückführbar erscheint. 1950 war Jauchs Schulhaus in Roths international wahrgenommener Beispielsammlung *Das Neue Schulhaus* publiziert worden.

Darmstädter Gesprächs machte».¹²⁸ In Ergänzung der philosophischen Beiträge von Martin Heidegger (1889–1976) und José Ortega y Gasset (1883–1955) lösten die Vorträge von Rudolf Schwarz und Otto Ernst Schweizer (1890–1965) eine intensive Debatte über architektonische und soziologische Themen aus. Ein hartnäckiger Diskussionsstrang arbeitete sich am Volksschulhausentwurf Scharouns und dessen Ausrichtung des neuen Funktionalismus ab. So war es der bereits 74-jährige Bonatz, der mit einer Kritik an der Fülle in Scharouns Beitrag einsetzte und ihm vorwarf, die Aufgabe vollends «zerdacht» zu haben.¹²⁹ In seiner direkt folgenden Wortmeldung trat Ortega y Gasset dem entschieden entgegen: «Es ist nur ein einziges Wort, das ich dem Herrn Bonatz sagen möchte, nämlich: daß der liebe Gott den Zerdenker brauchte, damit die anderen Tiere nicht fortwährend in Schlaf fielen.»¹³⁰ Bonatz' Vorwurf des «Zerdenkens», aber auch die Replik des spanischen Philosophen zielten auf Scharouns dezidierte Analyse der gestellten Aufgabe, welche dem empathischen Entwurfsansatz des erweiterten Funktionalismus durchaus verwandt schien. Die Organisation und Setzung des Volksschulhauses weisen ebenfalls jene Einfühlsamkeit auf, die den humanisierenden Tendenzen des New Empiricism innewohnte. Scharoun selbst entgegnete Bonatz in Darmstadt: «Ich vom Erwachsenenstandpunkt habe mit dem Arbeitsplatz zu tun; meine Sorge, die zwar ganz dem Kinde gilt, ist also die, daß ich dem Kinde den wirksamsten Arbeitsplatz beschaffe mit dem besten Licht usw.; doch da frage ich mich, habe ich in Bezug auf das geistige und körperliche Wachstum des Kindes genug getan, oder habe ich nicht doch vielleicht in diesen Dingen mehr auszusagen, mehr zu erfüllen? Das ist die ganz einfache Überlegung, die zu den Dingen hinführt und schließlich zu einer Form führt, die diesem Denkvorgang entspricht und ihn realisiert.»¹³¹ Wie bei den Schulbauten Jauchs zielte Scharouns intensive Analyse auf eine Funktionserfüllung, welche um die emotionalen und ästhetischen Bedürfnisse des Kindes bemüht war. Auch für Scharoun stand das Kind im Zentrum der Gestaltung. August Hoff (1892–1971), Professor für Kunstgeschichte an der Kölner Werkschule, erkannte darin die Weichenstellung für eine neue Zeit. Hoff glaubte, «daß [...] innerhalb dieser neuen Generation sehr starke Dinge in den Vordergrund gerückt sind wie: künstlerische Aufgabe, Freiheit im Raum, Kommunizieren der Räume, Freiheit des Grundrisses [...]. Hierin scheint mir gerade das Neue in der Zeit zu liegen, [...] daß nun die Gestaltungsaufgabe über die Erfüllung der Funktionen hinausgeht [...]. Man nimmt über die rein technischen Dinge hinaus, deren Notwendigkeit und Beherrschung selbstverständlich sein sollten, die Gestaltungsfragen in einer viel größeren Freiheit in Angriff und erweitert auch das Menschenbild, das nicht mehr ein Bündel von Funktionen ist.»¹³²

Das zweite Darmstädter Gespräch war ein deutlicher Gradmesser, wie sehr die jüngsten Entwicklungen des Neuen Bauens in den Architekturdebatten der Nachkriegsgeneration aufgingen. Sowohl die sozialen und humanisierenden Erweiterungen des Funktionalismus als auch die typologischen Präzisierungen, welche sich während der Kriegsjahre in den neutral verbliebenen Demokratien herausgebildet hatten, wurden von den Architekten und Architektinnen des Wiederaufbaus geradezu aufgesogen und weitergetragen. Insbesondere auf den Schulhausbau bezogen, konnten die Entwicklungen in der Schweiz einen entscheidenden Einfluss auf das Verständnis der emotionalen und ästhetischen Bedürfnisse des Kindes geltend machen. Aufgrund der internationalen Rezeption seiner Schulbauten trug Emil Jauch einen nennenswerten Anteil zur Relevanz des schweizerischen Bauens für den Wiederaufbau im kriegszerstörten Europa bei. Die Verbindung von rein zweckorientierten Notwendigkeiten mit einer einfühlsamen ästhetischen Gestaltung in seinen Schulbauten wirkte in jenen Jahren beispielhaft für einen sich europaweit wandelnden Funktionalismus. Dieser strebte die vollumfängliche Erfüllung menschlicher Bedürfnisse an und erkannte zugleich in der Schönheit des architektonischen Ausdrucks eine essenzielle Funktion für den Menschen. Der jungen Generation des Wiederaufbaus geriet dies zum nachahmenswerten Anspruch. Vielleicht war es auch dieser Anspruch, der den Berliner Architekten und Schüler Scharouns Alfred Schinz (1919–1999) bewog, in der Darmstädter Diskussion die Worte Goethes zu zitieren: «Vollkommenheit kann man bereits erreichen, wenn man das Notwendige geleistet hat, Schönheit jedoch wird erst dann erreicht, wenn das Notwendige vollkommen geleistet worden ist.»¹³³

74	Roth, Betrachtungen II, 1951 (wie Anm. 61), S. 71.	103	Vgl. ebd., S. 37–71.
75	Ebd., S. 70.	104	Zit. n. Fontius 2000–2005 (wie Anm. 99), S. 133.
76	Ebd.	105	Ebd.
77	Philipp Etter, «Sinn der Landesverteidigung, Ansprache zur Eröffnung der Zürcher Hochschulwochen für die Landesverteidigung», 11.05.1936, abgedruckt in: Eidgenössische Technische Hochschule (Hrsg.), *Kultur und staatswissenschaftliche Schriften,* Aarau 1936, H. 14, S. 11. Zit. n. Irene Meier, *Die Bildende Kunst an der Schweizerischen Landesausstellung 1939 in Zürich* (Lizenziatsarbeit Universität Zürich 1980), nicht veröffentlicht, S. 8.	106	Peter Meyer, «Diskussionen um Le Corbusier», in: *werk* 21 (1934), H. 9, S. 257–272, hier S. 259. Auszüge aus einem Aufsatz Le Corbusiers, den dieser 1929 für die tschechische Zeitschrift *Stavba* geschrieben hatte und der 1933 in einem Themenheft über Le Corbusiers Werk in der französischen Zeitschrift *L'Architecture d'Aujourd'hui* noch einmal abgedruckt wurde. 1934 erschien dieser Artikel in der schweizerischen Zeitschrift *werk* in deutscher Sprache.
78	Hans Volkart, *Schweizer Architektur. Ein Überblick über das schweizerische Bauschaffen der Gegenwart,* Ravensburg 1951, S. 7.	107	Vgl. Georg Baird, «Architecture and Politics: A Polemical Dispute. A Critical Introduction to Karel Teige's ‹Mundaneum›, 1929 and Le Corbusier's ‹In Defense of Architecture›, 1933», in: K. Michael Hays, *Oppositions,* New York 1998, S. 585–616.
79	Max Frisch, *Dienstbüchlein,* Frankfurt am Main 1970, S. 72.		
80	Volkart 1951 (wie Anm. 78), S. 8.		
81	Hans Hofmann, «Gedanken über die Architektur der Gegenwart in der Schweiz», in: Hans Hofmann, Hermann Baur, Max Kopp (Hrsg.), *Schweizerische Architektur-Ausstellung,* Ausstellungskatalog Köln 7. bis 28. November 1948, Köln 1948, S. 18–22, hier S. 20.	108	Peter Meyer, «Diskussionen um Le Corbusier», in: *werk* 21 (1934), H. 9, S. 257–272, hier S. 258.
		109	Ebd., S. 259.
		110	Ebd., S. 271.
82	Ebd., S. 18.	111	Max Bill, «Schönheit aus Funktion und als Funktion», in: *werk* 36 (1949), H. 8, S. 272–274, hier S. 272.
83	Rudolf Schwarz, «Helvetica Docet», in: Hans Hofmann, Hermann Baur, Max Kopp, 1948 (wie Anm. 81), Einführungstext ohne Seitenzahlen.	112	Ebd.
		113	Ebd.
84	Ebd.	114	Ebd., S. 242.
85	Vgl. ebd.	115	Bruno Reichlin, «Maison du Peuple in Clichy: ein Meisterwerk des ‹synthetischen› Funktionalismus?», in: *Daidalos* 18 (1985), S. 88–99, hier S. 94–95.
86	Roth, Betrachtungen II, 1951 (wie Anm. 61).		
87	Max Frisch, «Cum grano salis: eine kleine Glosse zur schweizerischen Architektur», in: *werk* 40 (1953), H. 10, S. 325–329, hier S. 325. Frisch, der 1953 nach einem einjährigen Studienaufenthalt in Nordamerika in die Schweiz zurückkehrte, beschrieb seinen Kollegen des Zürcher BSA in einer Rede (die später von Alfred Roth unter dem Titel «Cum grano salis» in *werk* abgedruckt wurde), wie ein Heimkehrender die Architektur in seiner Heimatstadt wahrnehmen würde.	116	Hofmann 1948 (wie Anm. 81), S. 20.
		117	Roth, Betrachtungen I, 1947 (wie Anm. 61), S. 184.
		118	Roth 1950 (wie Anm. 72), S. 215.
		119	Ebd.
		120	Ebd., S. 217.
		121	Jauch 1954 (wie Anm. 6), S. 131.
		122	Schwarz 1948 (wie Anm. 83).
88	Vgl. ebd., S. 327.	123	Ebd.
89	Frisch 1953 (wie Anm. 87), S. 325.	124	Vgl. Bärbel Herbig, «Die Meisterbauten. Renommierte Architekten planen für Darmstadt», in: Michael Bender, Roland May (Hrsg.), *Architektur der fünfziger Jahre. Die Darmstädter Meisterbauten,* Stuttgart 1998, S. 10–22, hier S. 13.
90	Roth, Betrachtungen II, 1951 (wie Anm. 61), S. 71.		
91	Frisch 1953 (wie Anm. 87), S. 328.		
92	Martin Steinmann, «Auf der Suche nach einer Normalität», in: *Archithese* 1986, H. 5, S. 15–23, hier S. 21.		
93	Roth, Betrachtungen II, 1951 (wie Anm. 61), S. 73.	125	Vgl. Matthias Schirren, «Wind und Wasser, Raum und Zeit. Der Darmstädter Schulentwurf im Werk von Hans Scharoun», in: Michael Bender, Roland May 1998 (wie Anm. 124), S. 122–131, hier S. 122.
94	Vgl. ebd., S. 73–74.		
95	Vgl. ebd., S. 72.		
96	Ebd., S. 73.	126	Ebd., S. 128.
97	Ebd., S. 72.	127	Ebd., S. 122.
98	«Einfühlen», in: Ruth Klappenbach, Wolfgang Steinitz (Hrsg.), *Wörterbuch der deutschen Gegenwartssprache,* Bd. 2, Berlin 1967, S. 945.	128	Ulrich Conrads, Peter Neitzke (Hrsg.), *Mensch und Raum. Das Darmstädter Gespräch 1951* (Bauwelt Fundamente Nr. 94), Braunschweig 1991, S. 8.
99	Vgl. Martin Fontius, «Einfühlung, Empathie, Identifikation», in: Karlheinz Barck (Hrsg.), *Ästhetische Grundbegriffe,* Stuttgart 2000–2005, Bd. 2, S. 121–142, hier S. 121.	129	Vgl. ebd., S. 109–110.
		130	Ebd., S. 112.
100	Zit. ebd., S. 130.	131	Ebd., S. 115.
101	Zit. ebd.	132	Ebd., S. 123.
102	Robert Vischer, «Über das optische Formgefühl», in: Thomas Friedrich, Jörg Gleiter (Hrsg.), *Einfühlung und phänomenologische Reduktion. Grundlagentexte zu Architektur, Design und Kunst,* Berlin 2007, S. 37–71, hier S. 39.	133	Zit. ebd., S. 164.

Anhang

BIOGRAFIE

BAUTEN / PROJEKTE

1911	Geboren am 5. September als Emil Josef Karl Jauch in Luzern	
1930	Technische Maturität	
1930–1934	Studium an der ETH Zürich (dank Stipendium)	
1934	Diplom bei Prof. William Dunkel	
1934–1935	Mitarbeit bei Roland Rohn	
1935		
1936	Mitarbeit bei Giuseppe Ferrini in Bellinzona / Lugano	Casa di Campagna für Felice Piona Fornaris, Monte Brè, Lugano (Entwurf)
	Aufnahme ins Berufsregister des SIA, erste eigene Entwürfe	Wohnhaus mit Atelier (Projekt)
1936–1939	Mitarbeit bei Sture Frölén in Stockholm	Wohnhäuser Askrikegatan, Stockholm, im Atelier Sture Frölén
1939	Mitarbeit bei Hermann Baur, Basel	
1940	Mitarbeit bei Architekt Hans Zisser, Graz	
	Scheitern der geplanten Auswanderung nach Afghanistan	
1942–1943	Selbstständige Tätigkeit in Königshütte, Oberschlesien	
1943	Rückkehr in die Schweiz / Kantonales Bauamt Bern	
1944	Wettbewerbsgewinn Schulhaus Felsberg	
	Fortan selbstständig tätig	
1945		
1947		
1948		Schulhaus Felsberg, Luzern, ausgeführt mit Erwin Bürgi
1949		
1950	Eidgenössisches Kunststipendium für Malerei	
1951	Bundesstipendium für Architektur	Schulhaus Langendorf, mit Erwin Bürgi
		Umbau Postgebäude Flüelen
1952		Bebauungsplan Würzenbach für Gebr. Lustenberger, mit Walter H. Schaad
1953		Geschäftsräume Seiden Grieder & Cie, Luzern
		Geschäftsräume Seiden Grieder & Cie, Kloten
1954		Schulhaus Matte, Flüelen
		Schulhaus Matt, Hergiswil, mit Walter H. Schaad
		Tankstelle Auto Koch am Löwenplatz, Luzern
		SBG Schwanenplatz Luzern, Studie
1956		
1957	Gründungsmitglied Ortsgruppe Innerschweiz (Sektion Waldstätte) des BSA	Wohnhäuser Würzenbachmatte, Luzern
		Tennis-Clubhaus Lido, Luzern, mit Lis und Adolf Ammann-Stebler
1958	Autounfall in Cecina, Italien; anschliessend Klinikaufenthalte	Geschäftshaus Würzenbachmatte, Luzern
		Sternhaus Kreuzbuchstrasse, Luzern
		Bahnhof und Schanzenpost, Bern, mit Hans und Gret Reinhard, bis Auftragserteilung
1962	Verstorben am 5. Februar in St. Urban	

WETTBEWERBSPLATZIERUNGEN

Schulhauswettbewerbe	Weitere Wettbewerbe
	Kantonsbibliothek Luzern
	Katholische Kirche Meggen
Schulhaus Felsberg, 1. Preis (ausgeführt)	
Schulhaus Eschenbach, 1. Preis	
Schulhaus Langendorf, mit Erwin Bürgi, 1. Preis (ausgeführt)	
Schulhaus Altdorf, 1. Preis	Ideenwettbewerb Bundesbahnhofgebiet Basel, mit Walter H. Schaad, Ankauf
	Kantonalbank Zug, mit Erwin Bürgi, 4. Preis
Schulhaus Flüelen, 1. Preis (ausgeführt)	
Schulhaus Horw, mit Erwin Burgi, 2. Preis	
Schulhaus Sursee, mit Walter H. Schaad, 1. Preis	Katholische Kirche St. Anton in Tribschen, 3. Preis
	Verkehrsprojekt «Oesterleden» Stockholm, mit Walter H. Schaad, Ankauf
	Erweiterungsbau der Schweizerischen Bankgesellschaft Zürich, mit Walter H. Schaad, 1. Preis
Schulhaus Hummelrüti in Horw, mit Walter H. Schaad, 5. Preis	
Schulhaus Matt in Hergiswil, mit Walter H. Schaad, 1. Preis (ausgeführt)	
Schulhaus Chriesiweg Zürich, mit Walter H. Schaad	
Gewerbeschule Bruchmatt Luzern, Ankauf	Kabelwerke Brugg, mit Walter H. Schaad, 5. Preis
	Strandbad Romanshorn, 2. Preis
	OLMA-Messeareal, Ankauf
Schulhaus Bamberg Luzern, 3. Preis	

EIN GESPRÄCH

Selbst während seiner Aufenthalte im Ausland versuchte Jauch, Projekte in seiner Heimat zu akquirieren. Dem Schweizer Wettbewerbswesen jener Zeit geschuldet, durften jedoch nur vor Ort wohnhafte Architektinnen und Architekten an lokalen Ausschreibungen teilnehmen. Eine schriftliche Bitte Jauchs aus dem Jahr 1938, von Stockholm aus an einem Kirchenbauwettbewerb in Luzern teilnehmen zu dürfen, wurde demgemäss abgelehnt. Sein unaufgefordert eingereichter Beitrag zum geladenen Wettbewerb für einen Kirchenneubau in Meggen 1940 wurde «hors concours» von der Jury zwar besprochen, eine Beurteilung oder gar Honorierung aufgrund seines damaligen Aufenthalts in Klagenfurt jedoch ausgeschlossen. Anlässlich des VIII. Wettbewerbs der Geiserstiftung im Jahr 1939 brachte Jauch, gemeinsam mit den Schweizer Architektinnen Berta Rahm (1910–1998) und Dorothea David (1915–1999), seine Kritik an diesem schweizerischen Wettbewerbswesen in einem pointierten Selbstgespräch zu Papier. Neben dem Text «Mensch und Reglement» von Hans Bernoulli (1876–1959) erreichte das Manuskript einen geteilten dritten Rang.

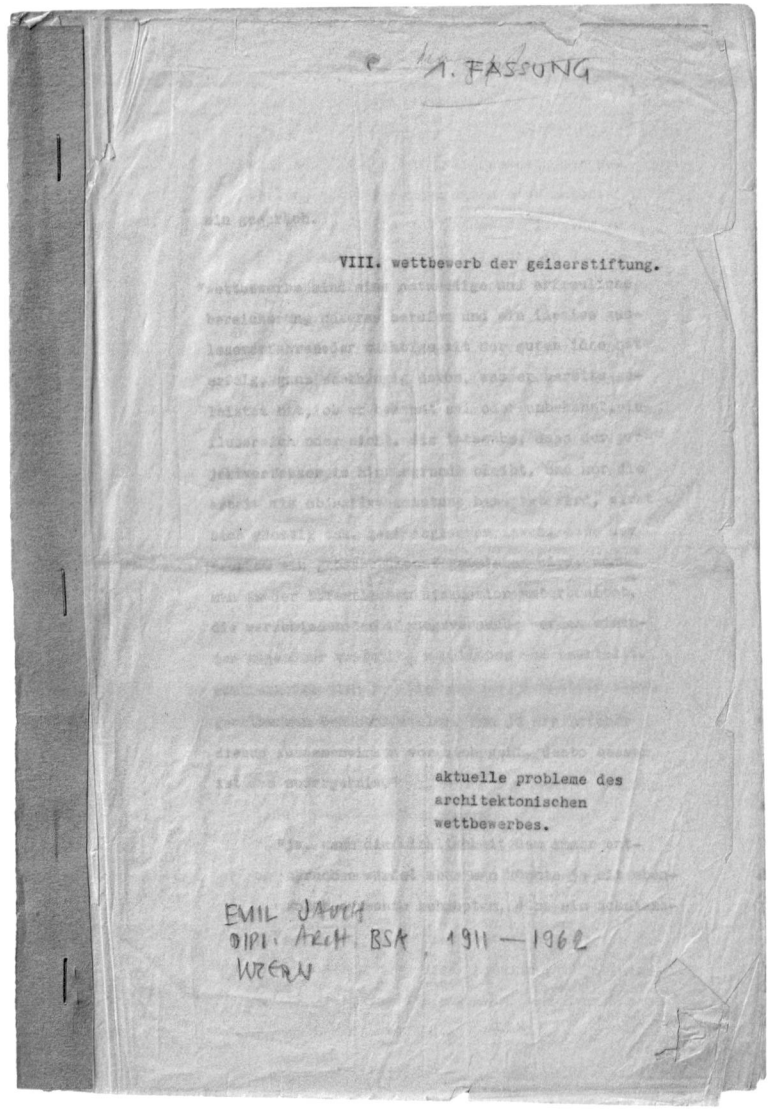

(80) Gemeinsam mit den Architektinnen Berta Rahm und Dorothea David verfasste Jauch 1939 das Manuskript zum VIII. Wettbewerb der Geiserstiftung.

1. Fassung (1939)*

VIII. wettbewerb der geiserstiftung

aktuelle probleme des architektonischen wettbewerbes.

ein gespräch.

„wettbewerbe sind eine notwendige und erfreuliche bereicherung unseres berufes und ein ideales ausleseverfahren: der tüchtige mit der guten idee hat erfolg, ganz unabhängig davon, was er bereits geleistet hat, ob er bekannt sei oder unbekannt, einflussreich oder nicht. die tatsache, dass der projektverfasser im hintergrund bleibt, und nur die arbeit als objektive leistung bewertet wird, wirkt sich günstig aus. ganz abgesehen davon, dass dem problem ein grosser dienst geleistet wird, wenn man es der öffentlichen diskussion unterbreitet. die verschiedensten lösungsversuche werden einander gegenüber gestellt, verglichen und beurteilt. Schliesslich sind ja alle bauwerke resultate eines gemeinsamen bemühens vieler, und je organischer dieses zusammenwirken vor sich geht, desto besser ist das ergebnis."

„ja, wenn die wirklichkeit dem immer entsprechen würde, aber man könnte ja mit ebensolchem rechte behaupten, dass ein schulexamen, das ja auch auf dem grundsatz der bewertung von leistungen durch eine autorität beruht, stets und zwangsläufig eine auslese der begabtesten ermöglicht. in der regel jedoch kommt es wohl darauf hinaus, dass die reproduktiv arbeitenden schüler den produktiv schaffenden, somit begabteren, den rang ablaufen. etwas ähnliches könnte man auch bei wettbewerben behaupten. es ist nämlich ebenso sehr eine frage der qualität der urteilenden wie der beurteilten, welche ergebnisse zustandekommen. denn das mehr oder weniger willkürliche bestimmen einer richterlichen autorität ist schon eine unkontrollierbare vorhandbeurteilung der leistung von einer dritten seite her. es ist nicht verwunderlich, dass zum beispiel die titelschutzfrage so schwer auf eine gerechte und dem berufsinteresse dienlichen weise lösbar ist, weil hier wieder die gleiche frage, wer ist berechtigt und wer nicht, den titel zu führen, mehr oder weniger willkürlich entschieden werden muss. du kannst nicht bestreiten, dass wettbewerbe heute unzeitgemäss und unbeliebt geworden sind. Immer mehr werden öffentliche arbeiten der allgemeinen diskussion entzogen und willkürlich vergeben oder von einem einzelnen oder einer kleinen gruppe in anspruch genommen. das ergebnis muss dann von der allgemeinheit geschluckt werden."

„du meinst also, dass eine freie konkurrenz überhaupt selten geworden ist ?"

* transkript des originaldokuments inklusive schreibfehler

„ich meine, dass die meisten wettbewerbe der letzten zeit mehr oder weniger widerwillig ausgeschrieben wurden, der allgemeinheit gegenüber sozusagen aus einem schlechten gewissen heraus. man will verdecken, dass oft mehr willkür und konkurrenzneid als sachlichkeit bei der vergebung der aufträge ausschlaggebend sind. durch ein solch undemokratisches verfahren ist eine verflachung und ideenverarmung der baukultur unseres landes gar nicht zu vermeiden. man erstaunt ab und zu über die hohe bewertung unseres bauens im ausland. dieses ist aber eher auf die an sich erfreuliche tatsache zurückzuführen, dass eine elite von kollegen wirklich vorbildliches und allgemein anerkanntes geleistet hat. sieht man dann jedoch, was und wie zur zeit bei uns gebaut wird, so kann man sich des unerfreulichen gedankens nicht recht erwehren, dass wir, vor allem im vergleich zu den skandinavischen ländern, stille gestanden haben. ja, bisweilen glaubt man anzeichen einer eigentlichen reaktion zu erkennen. ich finde, dass eine kritik des wettbewerbswesens ein gut teil kritik am bauen überhaupt ist. das heisst, der wettbewerb ist sehr stark an der entwicklung beteiligt. es ist deshalb ungerechtfertigt, ihn sozusagen als lästige nebensache zu behandeln."

„du fassest also den wettbewerb nicht nur als auswahlverfahren für tüchtige auf?"

„nein, wie du am anfang sagtest, finde auch ich, dass der hauptwert des wettbewerbes in der umfassenden diskussion eines problems liegt. ein gut vorbereiteter, gewissenhaft durchgeführter und gründlich beurteilter wettbewerb sollte eigentlich nie resultatlos ausfallen. eine umfassende diskussion allerdings...."

„ich bin durchaus nicht blind für die tatsache, dass die meisten wettbewerbe so ausgeschrieben werden, dass nur ein relativ enger kreis teilnahmeberechtigt wird, zum beispiel die in einer stadt oder einem kanton ansässigen architekten, ja in der letzten zeit nur solche mit einem eigenen büro, unselbstständige oder im auslande tätige aber ausgeschlossen sind das hängt wohl mit der grossen arbeitsverknappung der letzten jahre zusammen, und man findet es menschlich begreiflich, zunächst diejenigen zu beschützen, die ein eigenes büro haben."

„(eifrig) aber gerade dieser standpunkt ist unbedingt falsch. man darf nicht grundsätze gesunder konkurrenz den forderungen von arbeitsbeschaffung hintanstellen, sondern die qualität sollte bevorzugt werden. wenn in letzter zeit besonders oft, das teilnahmerecht auf diese oder jene weise umgangen wurde, so ist das in meinen augen ein deutliches zeicehn dafür, wie ungerecht und einseitig eine solche beschränkung in weiten kreisen empfunden wird, und es ist falsch aufgewendete mühe, in dieser hinsicht fehlbare zu rügen und zu bestrafen -- sie handeln in einer art notwehr -- statt das übel mit der wurzel auszurotten. ein weiterer mangel an vielen wettbewerben liegt oft schon in der vorarbeit, zum beispiel in einem schlecht aufgesetzten oder nur sehr oberflächlich ausgebarbeiteten programm. das hat viel unsicherheit im entwurf, unnütze zeitverschwendung und ärger auf die programmgestalter zur folge. das krebsübel der ganzen sache liegt aber meiner ansicht nach beim preisgericht."

„inwiefern das? im preisgericht sitzen doch fast immer anerkannte leute, deren berufsqualität über jeden zweifel erhaben ist."

„gerade das ist nicht ohne weiteres von vorteil. ja, es ist unerwünscht vom standpunkt der vielseitigkeit und der reichen entwicklung, dass leute mit ausgeprägter, eigener richtung urteilen. viel wichtiger ist ein klarer blick für neue möglichkeiten und geistige beweglichkeit. heute ist ja die persönliche einstellung der preisrichter bekannt, wie aber wirkt sich das aus? schlaue projektverfasser sagen sich: wie der wind weht, so hänge ich meinen hut. vorteilhaft für den wettbewerb ist das jedenfalls nicht. oft ist auch das preisgericht vom eigenen vorprojekt so eingenommen, dass es kaum fähig ist, andere lösungen richtig zu bewerten und trotz abweichenden grundgedanken anzunehmen."

„ich finde, man darf dem preisgericht nicht unrecht tun. es ist wirklich keine leichte aufgabe, aus einer unzahl verschiedener entwürfe das beste heraus zu suchen, richtig zu beurteilen, und aus mehreren oft widersprechenden ansichten der einzelnen preisrichter zu einem schlussergebnis zu gelangen."

„zugegeben. leider lässt sich auch nicht bestreiten, dass die urteile oft mangelhaft formuliert und begründet werden. entweder sind sie oberflächlich, zu unsystematisch oder reine phrasen, ferner aufzählungen von selbstverständlichkeiten oder aus den plänen ersichtlichen dingen, die höchstens als arbeitsbeschaffung für den schriftsetzer erfreulich sind. (zieht ein notizbüchlein aus der tasche) die entsprechenden verfasser eines wettbewerbes der letzten zeit werden sich zu tiefst ergriffen gefühlt haben, als sie zu lesen bekamen:

die organisation des baues ist gut abgewogen und klar gegliedert, oder:
das pfeilersystem ist klar, oder:
das restaurant im parterre ist gut zugänglich.
bei einem spitalwettbewerb fand man bei fast jedem projekt die ‚grundsätzlich richtige‘
feststellung wie:
die operationsräume sind gut gelöst,
die operationsabteilungen sind gut gelöst,
die operationsabteilungen sind zweckentsprechend,
während bei einem andern verschiedene probleme wie zum beispiel die orientierung der bettenzimmer, die loslösung der gebärabteilung vom übrigen krankenhausbetrieb usw. mit keinem wort behandelt wurde. dafür bekam sozusagen jeder entwurf, war sein bettenhaus nun so oder so orientiert,

das lakonische urteil: die besonnung ist durchwegs gut oder etwas ähnliches, während man vom preisgericht eine genaue stellungnahme zu diesen problemen erwartete. statt dessen wurden selbstverständlichkeiten erwähnt, wie:

für die reine und die schmutzige wäsche bestehen besondere wege,

die kontinuität der behandlung der wäsche ist folgerichtig beachtet usw.

bei einem projekt, dessen grundrisse weder mit den fassaden, noch mit dem modell [übereinstimmten], als stammten sie aus verschiedenen fabriken, wurden diese mängel vom preisgericht weder entdeckt noch gerügt, das urteil lautete poetisch:

die feinfühlige hand, die in der liebevollen durchbildung der grundrisse der gesamten lage zur geltung kommt, ist in den fassaden nicht erkennbar.

bei einem andern wettbewerb wurde die freude an einem skihüttendach mit dem nur in der isometrie bestehenden, malerischen kamin folgendermassen begründet:

der verfasser hat weitgehendes verständnis für die betriebsbedürfnisse auf ... bekundet.

sein einfühlungsvermögen in die gegebenen verhältnisse muss hervorgehoben werden ...

(steckt seine anekdotensammlung wieder in die tasche) sehr oft fehlt es an einer praktischen schlussfolgerung aus den ergebnissen des wettbewerbes, sodass der bauherr trotz allem aufwand an geld und zeit mit leeren händen dasteht, was eine diskreditierung des wettbewerbswesens, der architektenarbeit überhaupt, zur folge hat. und wenn bei der arbeitsvergebung und bauausführung oft sehr gute wettbewerbsergebnisse verschwinden, so bedeutet dies einen bedauerlichen leerlauf und einen mangel an ernsthafter vertiefung, was dem wettbewerbswesen nur schaden kann."

„ja, lieber freund, es ist ein leichtes und billiges vergnügen zu kritisieren und sich lustig zu machen, schwerer ist es gut, praktisch durchführbare gegenvorschläge zu bringen."

„nun gut, ich will versuchen, eine neue ordnung zu skizzieren, welche die erwähnten nachteile ausschliesst: zunächst einmal möcht ich darauf bestehen, dass jede bauaufgabe mit mehr als nur privatem charakter gegenstand eines allgemeinen wettbewerbes sein soll, auf jeden fall öffentliche bauten von stadt und gemeinden. auch wäre es von grossem wert für die zukunft unseres landes eine stelle zu schaffen, die das gesamte planungswesen überblickt und kontrolliert, die gemeinden oder kantone zur ausschreibung von wettbewerben veranlasst und die fragen behandelt, die im zusammenhang stehen mit bauzonenplänen, grünflächenanlagen, strassenführungen, naturschutzreservaten, regionalplänen, trabantenstädten, wanderwegen, sanierung schlechter wohnquartiere, einheitlicher festlegung der farbigen gestaltung usw.

zweitens möchte ich vorschlagen, dass alle schweizerischen architekten (die einführung und gerechte anwendung des titelschutzes wird vorausgesetzt) an an jedem wettbewerb eine uneingeschränkte teilnahme haben, unabhängig vom momentanen wohnort. zu gunsten der weniger beschäftigten sollten firmen mit grossen laufenden aufträgen freiwillig darauf verzichten, an allen wettbewerben teilnehmen zu wollen. vor allem soll verlangt werden, dass der verfasser sein projekt soweit als möglich selbst ausführt, und nicht, wie dies so oft üblich ist, den wettbewerb von bezahlten angestellten machen lässt. nehmen mitarbeiter an entwurf und ausführung intensiv teil, so sollen sie auch mit namen genannt werden. durch die grössere anzahl von preisausschreiben, durch die beschränkung auf die unter dem titelschutze stehenden fachleuchte, durch den freiwilligen verzicht vollbeschäftigter büros, wird die befürchtung, dass durch eine allzu grosse teilnahme ein leerlauf stattfinden könnte, ausgeschlossen, umsomehr, als ja in zeiten einer normalen bautätigkeit das interesse an wettbewerben nicht so gross ist und dann den jüngeren willkommene gelegenheit zur entfaltung ihrer fähigkeiten gibt. wettbewerbseinreichungen unter falschem namen und deren unerfreuliche folgen werden durch die allgemeine teilnahmeberechtigung und die moralische pflicht zur selbstbearbeitung von selber aufhören. das problem soll von einer neutralen instanz, am besten von der am anfang vorgeschlagenen landesplanungsstelle klar und bestimmt formuliert werden, ohne aber allzu eng gefasst zu sein. soweit forderungen aufgestellt werden, sollen sie sowohl vom teilnehmer, als auch vom preisrichter genau befolgt werden.

um aber der wirklichen bedeutung des wettbewerbes gerecht zu werden, sollte man unbedingt eine neue lösung des preisrichterproblems versuchen. wie jedem architekten die möglichkeit zur einreichung eines eigenen beitrages offen stehen soll, ebenso muss auch das richteramt jedem, der dazu fähig und der sache dienlich zu sein glaubt, zugänglich gemacht werden. nach aufstellung des programms und vor ausschreibung des wettbewerbes soll eine meldefrist für preisrichterkandidaten bekannt gegeben werden, während welcher jeder am wettbewerb nicht teilnehmende architekt sich um einen preisrichterstuhl bewerben kann, sofern er sich mit dem programm einverstanden erklärt. die eingegangenen namen werden auf eine liste gesetzt, die …."

„wenn sich nun aber keine oder zu wenig kandidaten melden?"

„dann hat die ausschreibende instanz das recht selber preisrichter zu bestimmen."

„und wenn es im interesse des bauherrn ist, einen oder mehrere spezialisten oder vertreter unbedingt bei der beurteilung der projekte mitwirken zu lassen?"

„dann sind diese bei der ausschreibung des wettbewerbes als auf alle fälle im preisgericht sitzend bekannt zu geben."

„gut. was geschieht nun weiter mit der erwähnten preisrichterkandidatenliste?"

„jeder wettbewerbsteilnehmer erhält sie zusammen mit den unterlagen und ist verpflichtet bei ablieferung seiner arbeit die vorbestimmte anzahl preisrichter zu wählen."

„was soll dieses verfahren für vorteile bieten ?"

„eine ganze menge: die zusammensetzung der jury richtet sich somit nach dem willen der teilnehmer und wirkt erwünscht statt aufgezwungen. untüchtige und reaktionäre leute werden somit beseitigt und bleiben nicht jahrelang in preisgerichten sitzen, zum schaden freier entwicklung. durch die tatsache, dass die genaue zusammensetzung des preisgerichtes erst nach der abgabe der arbeiten bestimmt wird, sind die teilnehmer im entwurf viel weniger gehemmt oder beeinflusst, und dadurch, dass die preisrichter erst nach dem eingehen der projekte ihr amt antreten, sind sie neutral und nicht von vorprojekt und programmgestaltung beeinflusst. das urteil über die eingereichten arbeiten soll von jedem preisrichter zunächst getrennt aufgestellt und formuliert werden, zum beispiel an hand eines systematischen beurteilungsschemas, sodass die einstellung der einzelnen preisrichter, punkt für punkt, genau verfolgt werden kann. das wird bewirken, dass jeder preisrichter gezwungen ist, sich ernsthaft in die Lösungen einzudenken, seine auffassung klar zum ausdruck zu bringen und dadurch seiner verantwortungsvollen aufgabe gerecht zu werden. aus den einzelnen gutachten ist in gemeinsamer diskussion und unter beachtung aller punkte das endgültige urteil herauszukristalisieren und die für den bauherrn notwendige schlussfolgerung deutlich aufzustellen. die resultate sollen so ausgebaut werden, dass sie als richtlinien für spätere wettbewerbe über gleiche oder ähnliche objekte dienen können. der erste preisträger soll die bauausführung an die hand nehmen. fehlt ihm dazu die notwendige praktische erfahrung -- worüber das preisgericht zusammen mit dem bauherrn entscheidet -- so muss er sich einen mitarbeiter aus den nachfolgenden preisträgern auswählen. die ausführenden sollen bei der endgültigen projektgestaltung mehr als bisher wertvollen vorschlägen der übrigen preisträger beachtung schenken."

„du glaubst wirklich, dass diese vorschläge eine sichtbare verbesserung bedeuten und den architektonischen wettbewerb wieder sinnvoll und nützlich machen ?"

„ich bin davon überzeugt. es käme ja schliesslich nur auf einen versuch an. wenn man zu etwas besserem gelangen will, darf man sich vor experimenten und anwendung neuer gedanken nicht scheuen."

DER ARCHITEKT EMIL JAUCH 1911–1962

01	Stadtarchiv Luzern, F2 PA 3/1:2, Fotograf unbekannt
02	Privatnachlass E.J.
03	Privatnachlass E.J.
04	gta Archiv / ETH Zürich, Haefeli Moser Steiger, Fotograf unbekannt
05	Privatnachlass E.J., Fotograf unbekannt
06	links: Privatnachlass E.J. rechts: Privatnachlass E.J., Fotograf unbekannt
07	links: *Elle,* 1962, H. 2 (15.01.1962), Umschlag, Fotograf unbekannt rechts: *Elle,* 1962, H. 2 (15.01.1962), S. 58–59, Fotograf F. Maurer
08	oben: Stadtarchiv Luzern, E2b 276:2 unten: Privatnachlass E.J., Fotograf unbekannt
09	Stiftung Pro Helvetia (Hrsg.), *Kulturpolitik in der Schweiz. Förderung der Kultur durch Kantone und Gemeinden,* Zürich 1954, Umschlag
10	links: Baugeschichtliches Archiv Zürich, Fotografen Meiner Hans, Meiner Johannes rechts oben: Baugeschichtliches Archiv Zürich, Fotograf unbekannt rechts unten: Baugeschichtliches Archiv Zürich, Fotograf Wolf Benders Erben
11	oben: Privatnachlass E.J. unten: Privatnachlass E.J., Fotograf unbekannt
12	Stadtarchiv Luzern, F2 PA 3/11:1
13	Stadtarchiv Luzern, F2 PA 3/15:28
14	Stadtarchiv Luzern, F2 PA 3/1:1
15	ArkDEs Collections, ARKM.1994-10-10690
16	links: gta Archiv / ETH Zürich, Hermann und Hans Peter Baur, Fotograf Aviatik beider Basel, Staatsarchiv Basel-Stadt, BALAIR 4262 rechts: gta Archiv / ETH Zürich, Hermann und Hans Peter Baur, Fotograf Atelier Eidenbenz, © Eidenbenz, CH-4102 Binningen
17	oben: Stadtarchiv Luzern F2 PA 3/2:12, Otto Pfeifer unten: Privatnachlass E.J.
18	ArkDes Collections ARKM.1988-02-8610, Max Söderholm
19	links: Harald Olsen, Stockholm Stadsmuseet rechts: ArkDes Collections, ARKM.1962-101-0863a, Fotograf unbekannt
20	oben + unten: Privatnachlass E.J.
21	ArkDes Collections, ARKM.1994-10*1
22	ArkDes Collections, ARKM.1944-10-2596
23	ArkDes Collections, ARKM.1944-10-2593
24	oben: *The Architectural Review,* Juni 1946, Fotograf unbekannt unten: *The Architectural Review,* Juni 1946
25	o. links + rechts: Privatnachlass E.J. u. links + rechts: Stadtarchiv Luzern, E2b/454
26	links: ArkDes Collections, ARKM.1962-101-0449, Oscar Bladh rechts o. + u.: Sveriges Arkitekturmuseet (Hrsg.), *Aufbruch und Krise des Funktionalismus. Bauen und Wohnen in Schweden 1930–1980,* Stockholm 1976, S.120, Planverfasser Backström & Reinius

EN NORDISK BLICK

S. 42–72: alle Bilder © Rasmus Norlander

DIE SCHULBAUTEN

27	*The Architectural Review,* Februar 1950, Fotograf Otto Pfeifer
28	*Schweizerische Bauzeitung* 68 (1950), H. 35, S. 473, Planverfasser Emil Jauch, Erwin Bürgi
29	*Schweizerische Bauzeitung* 68 (1950), H. 35, S. 472, Planverfasser Emil Jauch, Erwin Bürgi
30	Stadtarchiv Luzern, PA 003 3/3:10
31	oben + unten: Fotografie Otto Pfeifer, Museum im Bellpark Kriens / Stiftung Otto Pfeifer
32	Fotografie Otto Pfeifer, Museum im Bellpark Kriens / Stiftung Otto Pfeifer
33	Stadtarchiv Luzern, F2 PA 3/2:8, Josef Laubacher
34	Privatnachlass E.J., Fotograf unbekannt
35	Bauarchiv Einwohnergemeinde Langendorf
36	*Schweizerische Bauzeitung* 65 (1947), H. 4, S. S. 48., Planverfasser Emil Jauch, Erwin Bürgi
37	*Solothurner Anzeiger,* 09.09.1950, Fotograf Ernst Zappa
38	*Schweizerische Bauzeitung* 68 (1950), H. 45, S. 622, Planverfasser Emil Jauch, Walter H. Schaad
39	*Schweizerische Bauzeitung* 68 (1950), H. 45, S. 623, Planverfasser Emil Jauch, Walter H. Schaad
40	Staatsarchiv Uri, Fotoarchiv Aschwanden, Fotograf Richard Aschwanden
41	Bauarchiv Gemeinde Flüelen, Nr. 192-11-10-49
42	Stadtarchiv Luzern, F2 PA 3/6:3, Richard Aschwanden
43	Stadtarchiv Luzern, F2 PA 3/6:2, Richard Aschwanden
44	Stadtarchiv Luzern, F2 PA 3/6:1, Richard Aschwanden
45	Stadtarchiv Luzern, F2 PA 3/6:6, Richard Aschwanden
46	Stadtarchiv Luzern, F2 PA 3/6:5, Richard Aschwanden
47	Stadtarchiv Luzern, F2 PA 3/6:4, Richard Aschwanden
48	Gemeindearchiv Hergiswil NW
49	Stadtarchiv Luzern, F2 PA 3/4:1, Fredy Waldvogel
50	Gemeindearchiv Hergiswil NW
51	oben + unten: Gemeindearchiv Hergiswil NW
52	Stadtarchiv Luzern, PA 3/4:2, Fotograf unbekannt
53	Stadtarchiv Luzern, PA 3/4:10, Otto Pfeifer
54	Stadtarchiv Luzern, PA 3/4:8, Otto Pfeifer
55	Stadtarchiv Luzern, PA 3/4:7, Hans Blaettler
56	gta Archiv / ETH Zürich, Haefeli Moser Steiger
57	Stadtarchiv Luzern, PA 3/2:6, Otto Pfeifer
58	Fotografie Otto Pfeifer, Museum im Bellpark Kriens / Stiftung Otto Pfeifer
59	Fotografie Otto Pfeifer, Museum im Bellpark Kriens / Stiftung Otto Pfeifer
60	*werk* 36 (1949), H. 7, S. 211, Planverfasser Emil Jauch, Erwin Bürgi

BILDQUELLEN

(61) Stadtarchiv Luzern, E2b 276.2

(62) oben + unten: *Schweizerische Bauzeitung* 73 (1955), S. 60 (Tafel 9), Planverfasser Emil Jauch, Walter H. Schaad

(63) *Schweizerische Bauzeitung* 73 (1955), S. 70 (Tafel 9), Fotograf unbekannt

(64) Stadtarchiv Luzern, PA 3/4:9, Otto Pfeifer

(65) oben: Fotografie Otto Pfeifer, Museum im Bellpark Kriens / Stiftung Otto Pfeifer
unten: Stadtarchiv Luzern E2b 0524:36

(66) *Schweizerische Bauzeitung* 68 (1950), H. 35, S. 477 (Tafel 50), Fotograf unbekannt

(67) Foto: Christoph Ramisch

EMPATHIE ALS FUNKTION

(68) oben: Archiv der Genossenschaft Neubühl
unten: gta Archiv / ETH Zürich, Haefeli Moser Steiger, Fotograf Walter Mittelholzer

(69) gta Archiv / ETH Zürich, Alfred Roth, Fotograf Hans Finsler

(70) gta Archiv / ETH Zürich, Alfred Roth, Fotograf Hans Finsler

(71) oben: gta Archiv / ETH Zürich, Hans Hoffmann, Fotograf Photoglob Zürich
unten: Gottlieb Duttweiler, *Eines Volkes Sein und Schaffen. Die Schweizerische Landesausstellung 1939 Zürich in 300 Bildern*, Zürich 1939, Umschlag.

(72) oben: Hans Hofmann, Hermann Baur, Max Kopp (Hrsg.), *Schweizerische Architektur-Ausstellung,* Ausstellungskatalog Köln 7. bis 28. November 1948, Köln 1948, Umschlag
unten: © Walter Dick-Archiv, werkladen.de

(73) *Baumeister* 45 (1948), H. 11, Umschlag

(74) links: Baugeschichtliches Archiv Zürich, Michael Wolgensinger
rechts: Baugeschichtliches Archiv Zürich, Hans Gemmerli

(75) oben: *Stavba* 7 (1929), H. 10, April 1929, Umschlag
unten: *Stavba* 7 (1929), H. 10, April 1929, S. 145, © Narodni Technicka Knihovna, Praha.

(76) F.L.C / 2022, ProLitteris, Zurich

(77) oben: Fotografie von Ernst Scheidegger, © Stiftung Ernst Scheidegger-Archiv, Zürich
unten: Museum für Gestaltung Zürich, Designsammlung, ZHdK, 2022, ProLitteris Zürich, Fotograf Hugo Paul Herdeg, © Christian Herdeg, Zürich

(78) links: Plakat, Denkmalarchiv der Wissenschaftsstadt Darmstadt
rechts: Denkmalarchiv der Wissenschaftsstadt Darmstadt, Fotograf unbekannt

(79) Michael Bender, Roland May (Hg.), *Architektur der fünfziger Jahre. Die Darmstädter Meisterbauten*, Stuttgart 1998, S. 60,
links: Schweizerische Bauzeitung 68 (1950), H. 35, S. 473, Planverfasser Emil Jauch, Erwin Bürgi
rechts: Akademie der Künste, Hans Scharoun Archiv, Nr. 3793 F. 175/1

EIN GESPRÄCH

(80) Scan des Originalmanuskriptes, Privatnachlass E.J.

GANZSEITIGE BILDER

(A) Stadtarchiv Luzern, F2 PA 3/4:5, Fredy Waldvogel

(B) Stadtarchiv Luzern, F2 PA 3/4.4, Fotograf unbekannt

(C) Stadtarchiv Luzern, M009/738 F2a 01p1, Paul Erni

(D) Privatnachlass E.J.

(E) Stadtarchiv Luzern, F2 PA 3/6:2, Richard Aschwanden

(F) Stadtarchiv Luzern, F2 PA 3/2:11, Fotograf unbekannt

(G) Privatnachlass E.J.

(H) Stadtarchiv Luzern, M009/738 F2a 4, A.Montet

(I) Stadtarchiv Luzern, F2 PA 3/4:3, Fredy Waldvogel

(J) Stadtarchiv Luzern, M009/738 F2a 05p1, A. Montet

(K) *Schweizerische Bauzeitung* 73 (1955), H. 5, S. 64 (Tafel 3), Fotograf unbekannt

(L) Privatnachlass E.J.

CHRISTOPH RAMISCH

ist Architekt, Autor und Dozent. Nach seinem Architekturstudium an der Bauhaus-Universität Weimar arbeitete er als angestellter Architekt in Zürich und betreute u. a. die Sanierung der Luzerner Schulanlage Felsberg von Emil Jauch. Neben der beruflichen Tätigkeit absolvierte er ein postgraduales Masterstudium der Geschichte und Theorie der Architektur am Institut gta der ETH Zürich, in dessen Rahmen seine tiefere Auseinandersetzung mit den Schulbauten des Luzerner Architekten begann. Die resultierende Abschlussarbeit diente als Grundlage dieser Publikation. Christoph Ramisch veröffentlicht regelmässig Beiträge in Architekturzeitschriften und Buchpublikationen; parallel arbeitet er als wissenschaftlicher Mitarbeiter an der ETH Zürich. Als Gastdozent an der Hochschule Luzern begleitet er zudem Architekturstudierende beim Schreiben architekturbezogener Texte.

RASMUS NORLANDER

ist Fotograf. Er studierte an der Stockholmer Kunstschule Beckmas und an der HGKZ in Zürich (heute Zürcher Hochschule der Künste). Nach seiner Ausbildung spezialisierte er sich auf die Fotografie in den Bereichen Architektur und Konstruktion. Seine Arbeit ist inspiriert von Protagonisten der Düsseldorfer Schule wie Bernd & Hilla Becher, Axel Hütte, vor allem aber durch den deutschen Kunstfotografen Hans-Christian Schink. In seinen Bildern entwickelt er einen spezifischen Ausdruck, die Minimierung störender Umgebungsobjekte schafft dabei einen grösstmöglichen Fokus auf die Architektur. Jedes seiner Bilder soll aus der eigenen Kraft heraus das architektonische Projekt optimal repräsentieren, aber auch als individuelles Werk des Fotografen erkannt werden.

MARTIN STOECKLIN

ist Grafiker. Nach dem Vorkurs an der Schule für Gestaltung Basel studierte er Visuelle Kommunikation an der Zürcher Hochschule der Künste. Er arbeitet regelmässig mit namhaften Unternehmen und Institutionen aus Architektur, Kunst und Kultur zusammen. Unter ihnen sind das Kunsthaus Zürich, die Kunsthalle Basel, der gta Verlag der ETH Zürich und das Studio Olafur Eliasson. Sein 2022 mit Melina Wilson gegründetes Gestaltungsbüro Stoecklin & Wilson entwickelt analoge und digitale Anwendungen, Konzepte und Lösungen in den Bereichen Editorial Design, Ausstellungsgestaltung und Corporate Design.

DANK

DANK AN DIE SPONSOREN

Besonderer Dank gilt den Institutionen, Architektur- und Planungsbüros wie auch privaten Personen, ohne deren Vertrauen und finanzielles Engagement dieses Buch nicht hätte entstehen können. Herzlichen Dank!

MMJS Jauch-Stolz Architekten AG /
Martin und Monika Jauch-Stolz, Luzern
Helmut & Gabriele Ramisch
Ralf Jauch

Dr. Josef Schmid-Stiftung, Luzern
Arthur Waser Stiftung, Luzern
Kulturförderung des Kantons Uri
Gemeinde Hergiswil, NW
Gemeinde Flüelen, UR

boa architektur, Zürich
Menzi Bürgler Kuithan Architekten AG, Zürich
Bollhalder + Eberle AG, Zürich / St. Gallen
Büro Thomas Boyle + Partner AG, Zürich
Lussi + Partner AG, Luzern
Scheitlin Syfrig Architekten AG, Luzern
Waber Architekturrealisation GmbH, Luzern
Masswerk Architekten AG, Luzern / Zürich
MSA Meletta Strebel Architekten AG, Luzern
Stöckli AG Stans, Stans
RSP Bauphysik AG, Luzern
Grigo Pajarola Architekten, Chur

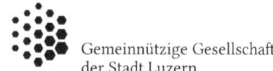

PERSÖNLICHER DANK

Almut Grunewald, Antonia Chavez-Wirz, Britta Schröder, Carla Arnold, Christoph Wieser, Cony Grünenfelder, Dieter Geissbühler, Elisabeth Zappa, Gerold Kunz, Gunnar Jauch, Heinz Wirz, Ita Heinze-Greenberg, Katrin Montiegel, Kirsten Rachowiak, Linus Wirz, Lukas Zurfluh, Marie-Anne Lerjen, Mario Rinke, Marjeta Morinc, Martin Jauch, Martin Stoecklin, Mike Steiner, Moritz Gleich, Muriel Perez, Oliver Menzi, Philip Shelley, Philippe Bürgler, Raffaella Endrizzi, Rasmus Norlander, Reto Wigger, Rico Vanoli, Stanislaus von Moos, Sylvia Claus, Urs Zaugg, Wendel Odermatt

… und ganz besonders: Annina Meier.

DANK FÜR PLANMATERIAL UND BILDRECHTE

Akademie der Künste, Berlin
ArkDes, Stockholm
Bauarchiv Einwohnergemeinde Langendorf
Bauarchiv Gemeinde Flüelen
Baugeschichtliches Archiv Stadt Zürich
Christian Herdeg, Zürich
Denkmalarchiv Darmstadt
Fondation Le Corbusier, Paris
Gemeindearchiv Hergiswil NW
gta Archiv / ETH Zürich
Walter Dick-Archiv, Köln
Maja Samimi-Eidenbenz, Binningen
Museum im Bellpark, Kriens
Národní Technická Knihovna, Prag
ProLitteris, Zürich
Staatsarchiv Basel-Stadt
Staatsarchiv Kanton Uri
Stadtarchiv Luzern
Stiftung Otto Pfeifer, Kriens
Stiftung Ernst Scheidegger-Archiv, Zürich
Stockholm Stadsmuseet
The Architectural Review

EMPATHIE ALS FUNKTION
DIE SCHULBAUTEN EMIL JAUCHS

Autor: Christoph Ramisch, Zürich
Vorwort: Stanislaus von Moos, Zürich
Fotoessay: Rasmus Norlander, Zürich / Stockholm
Gestaltung und Satz: Stoecklin & Wilson, Zürich
Projektleitung: Quart Verlag, Antonia Chavez-Wirz, Luzern
Korrektorat: Britta Schröder, Bad Nauheim

Umschlagsabbildung: Stadtarchiv Luzern, PA 3/4:2, Fotograf unbekannt
Vorsatz: Detail Fassade Schulhaus Felsberg, Luzern, Martin Stoecklin
Nachsatz: Detail Fassade Schulhaus Matt, Hergiswil, Reto Wigger
Die Bildquellen zu allen Abbildungen sind auf den Seiten 140–141 vermerkt.

Bildbearbeitung / Lithos: Marjeta Morinc, Basel
Schriften: Basel Classic, Basel Grotesk, ITC Galliard, Schreibmaschinenschrift
Druck: DZA Druckerei zu Altenburg GmbH, Altenburg

Ebenfalls publiziert in Englisch / Also published in English
(ISBN 978-3-03761-266-8)

© Copyright 2022
   Quart Verlag Luzern
   Alle Rechte vorbehalten
   ISBN 978-3-03761-261-3

Der Quart Verlag wird vom Bundesamt für Kultur
mit einem Strukturbeitrag für die Jahre 2021–2024 unterstützt.

Quart Verlag GmbH
Denkmalstrasse 2, CH-6006 Luzern
books@quart.ch
www.quart.ch